서문문고
19

불교의 진리

E. A. 버트 지음

박기준 옮김

서 문

이 책을 엮는 데 많은 도움이 된 여러분에 대해서 감사의 말을 드리지 않을 수 없다. 그분들의 좋은 충고와 귀중한 협력이 없었다면 이 책은 결코 빛을 보지 못했을 것이다. 그분들의 방명(芳名)을 이 기회에 소개하는 것은 나의 영광인 동시에 이 책의 권위를 위해서 당연한 나의 의무라고 생각한다.

다트머드 대학의 윙 칫 창 교수

하버드 대학의 케네드 첸 교수

콜게이트 대학의 케네드 W. 모간 교수

오벌린 대학의 클래런스 H. 해밀턴 교수

미국 국회도서관 조사국의 세실 W. 홉스 박사

인도의 캘커타 비구승 단체(比丘僧團體)의 산가 락스트라, 인도의 비스바 바라티 대학의 월터 리벤달, K.벤카타라마난 등 두 교수

특히 해밀턴, 리벤달 교수에 대해서는 두 분의 번역본을 다수 인용한 데 대해서 고맙게 생각하는 바이다.

— E. A. 버트 —

차 례

불교의 진리

전체에 대한 일반 서론

1

　원시 종교는 문명인의 종교와 같지 않다. 그러나 모든 종교에는 한 가지 공통점이 있다. 즉 인간이 신비롭고 예측할 수 없는 힘에 의지하지 않을 수 없을 경우에 느끼곤 하는 저 '두려워하는 감정'이다. 원시인을 싸고도는 이 숨은 힘은 태양이나 대지·비·바다, 또는 특종의 동물과 식물에 깃들인 지방적인 매개(媒介)이기가 일쑤이다. 그것은 이러한 자연물에 숨은 불가사의의 영험력(靈驗力)으로서, 거기서 인간은 자기의 욕망과 복리를 충족시키도록 행동하는가 하면, 때로는 불안과 심지어는 자멸을 가져오는 수도 있다. 특히 이러한 경향은 원시인에게서 뚜렷이 엿볼 수 있다. 가령 태양의 예를 든다면, 태양열은 풍성한 수확을 가져오는 자비로운 농경(農耕)의 으뜸이다. 그러나, 반면에 곡식과 가축을 태워 버릴 수도, 너무나 장기간 음천(陰天)이 들어서 농사를 망쳐 버릴 수 있는 것이 태양이다. 원시적인 제

사나 기원은 인간의 생존경쟁과 행복을 위하여 도움이 되도록, 가끔 비협력적이며 파괴적인 자연을 위무(慰撫)하는 것을 그 목적으로 한다. 그런 경우에 바치는 전형적인 축문(祝文) 한 가지를 소개한다.

"태양이시여! 뜨거운 빛을 나타내시어 창공의 뭇 구름장을 삼켜 없애옵소서."

"오, 밀이여! 그대는 우리를 위하여 풍년이 들게 했소. 그러기에 우리는 그대에게 감사하며 그대를 먹겠소."

"대지의 여신이시여! 우리는 그대에게 의지하오. 들에 비를 내리시어 물을 홍성하게 하옵소서. 그래서 풀이 길게 자라고 과일이 풍성하게 하옵소서."

그러나 이와 같이, 원시인은 앞서 말한 영험력보다 위대한 신(神)의 위력이라든가 정신적 내지 도덕적인 견지에서 더 한층 거룩하다고 볼 수 있는 우주의 힘에 대해서는 거의 지각하지 못하고 있는 게 사실이다.

이것은 무엇 때문일까? 이에 대한 해답은 누구든지 원시사회의 일원이 되어서 생각하면 곧 알 수 있을 것이다. 그들은 자연의 삼라만상이 운행하는 법칙에 대해서 하등 과학적 지식을 갖지 못하고 있다. 그러면서 생명과 건강과 안전을 절실히 갈망한다. 그들을 지배하는 감정은 자기들을 위해서 힘이 될 수 있는, 혹은 위협하는 자연의 숨은 힘에 대해서만 곧잘 발동한다. 그리고 그러한 힘만이 원시사회의 문화에 있어서 유일한 신으로 나타난다. 그러니만큼 문명인의 종교에서 볼 수 있는 신의 관념은 거의 찾아볼 수 없다.

어떤 문명사회의 역사에서도 그 초기에 있어서는 앞서 말한 원시적인 경향이 지배적이었고 종교도 마찬가지로 원시 종교의 특징이 대부분 그대로 나타나 있었다. 다만 약간의 차이점이 있다면 후일에 가서 문명사회의 종교로서 발전할 수 있는 몇 가지 점을 지적할 수 있을 정도였다. 그러면 문명사회에서 종교가 존재하는 이유는 무엇일까? 이에 대해서는 다소 설명이 필요할 것 같다.

문명의 발단을 캐보면, 적어도 문명사회를 이룩하도록 여러 조건을 구비하는 데 있어 초보적이나마 자연의 법칙에 관한 과학적 지식이 있었던 것이다. 이미 습득한 기술을 응용하여 사회의 존속 발전에 필요한 식량, 기타 자원을 규칙적으로 공급할 수 있었다. 이러한 경향이 촉진됨에 따라서 신에 관한 원시적 사상과 감정은 자취를 감추고 대신 자연의 모든 분야를 개척하려는 과학 정신이 일괄 작용하게 된다. 비를 내리는 신에 대한 터무니없는 원시 사상은 물러가고, 그 대신 지상(地上)을 이합집산(離合集散)하는 기상(氣象)의 압력을 지배하는 법칙이 등장한다. 태양과 달을 삼켜 버리는 괴물 대신 천문학의 지식에서 일식(日蝕)과 월식(月蝕)을 정확하게 예견할 수 있게 되었다. 그러고 보면 문명의 등장과 함께 허황한 종교가 자취를 감춰 버리리라는 것은 당연한 추리이다. 과학 지식이 완전히 감정의 세계를 대신하게 되면 곧 그렇게 될 것이다.

그러나 사실은 그렇지 않았다. 문명의 힘을 빌려 원시인이 직면했던 여러 문제를 해결하여 승리자가 된 뒤에도 이에 못지않은 도전이 기다리고 있었다는 역사의 증거가 그것이다. 3천 년 이전에 이미 문명을 형성한 여러 사회—중국·인도·페르시아·메소포타미아·이집트, 기타 남부 유럽의 몇몇 소규모의 사회는 덕택에 빠른 시일 내에 커져 갔다. 그들은 주변의 미개 민족을 흡수하였고 흡수된 민족은 노예가 아니면 예속된 계급으로 전락했다. 그러는 동안에 문명사회끼리 서로 뻗어 나가려는 욕망에서 투쟁이 벌어졌다. 그러자 전쟁의 폐단이 문명의 탈을 쓰고 인간의 불안을 자아냈다. 처음엔 서부 아시아나 지중해에서처럼 지역적인 우위(優位)를 전취하기 위하여, 뒤이어 대륙과 반구(半球) 전체를 가지고, 마침내는 오늘날처럼 전세계의 지배를 에워싼 전쟁으로 확대되었다. 문명사회의 이질적 문화 내부에서도 무수한 경제적 추구와 직업적 집단이 분화되어 가고, 인간은 상호간의 복잡무쌍한 의존과 배제 관계의 그물 가운데로 끌려 들어간다. 이러한 경향 속에서는 원시인이 그처럼 감정에 쏠리곤 하던 것과는 전연 다른 새로운 난제(難題)에 모든 인간이 직면하지 않을 수 없게 된다. 원시인의 경우는 자연의 폭력으로부터 어떻게 하면 생명과 복리를 유지할 수 있을까 하는 자기 보장(保障)의 문제였다. 문명사회는 문명의 혜택으로 대부분 이 문제를 해결하였고 최소한도 그들의 지도자들은 순전히 감정의 지배를 받지 못하게끔 되었다.

인간의 정신을 더 한층 지배하기 시작한 관심사는 어떻게 하면 같은 인간들끼리 좀더 평화와 조화를 유지하며 살 수 있을까 하는 데 있다. 그래서 문명인다운 생활을 존속 발전시키기 위한 유일한 해결책은(이미 이루어진 고도의 문명을 유지하는 것은 물론) 이 도전을 어떻게 하면 재치있게 극복하느냐 하는 데 있다.

이와 같이 원시 종교의 으뜸가는 특징이 신비의 세계를 어떻게 대응하느냐 하는 감정적인 반응에서 볼 수 있는 것과 마찬가지로, 문명사회의 종교가 직면한 문제는 신비의 세계와는 성질을 달리하는 또 하나의 불안으로 나타난다. 이제부터 양자의 차이를 좀더 명백하게 해명해 둘 필요가 있다. 여기에서 전형적인 원시 종교와 첨예하게 대치되는 문명인의 인생과 우주관에 나타난 네 가지 현저한 차이점을 문제 삼지 않을 수 없다.

첫째, 그리고 으뜸가는 관심사로서 인간에 대한 도덕적 태도 여하가 문제된다. 원시인은 십중팔구 자기가 속하는 좁은 집단 이외에 대해서는 아무런 도덕적 의무도 느끼지 않는다. 그리고 이러한 감정은 그들의 종교에 여실히 나타나 있다. 원시 종교에서 흔히 외는 기도문은 다음과 같다.

> 우리집이 잘 되기를, 식구들이 건강하기를,
> 그리고 우리집 곡식이 풍년들기를……

혹은 나온다고 나온 말이,
"위대한 쿠아후트제! 나를 살려 주옵소서. 나의 원수를 찾게 하며, 겁내지 않게 하며, 잠자고 있는 것을 찾아 무수히 죽이게 하옵소서."
등이다. 이와 반대로 문명인은 인류적인 도덕 관념의 원칙을 전제로 모두들 같은 인간이라는 원칙 아래서만 말한다. 그러나 이렇게 인간의 종교적 태도가 변했음에도 거기에는 아무런 자격도 강요된 철칙도 없다는 데 주목할 일이다.

다음으로 우주에 대한 인간의 근본적 확신을 든다. 원시 사상에서는 우주적인 이원론(二元論)이 당연한 것으로 되어 있었고, 우주와 자연을 지배하는 삼라만상의 작용을 일관하는 아무런 법칙도 인식되지 않았다. 그러나 발달된 문명사회의 신학(神學)이나 철학·과학에는 사물의 구성에 관한 궁극의 일원론이 전제되어 있다. 모든 현실에는 유일한 근원과 결정자(決定者)가 있는 것이며, 모든 존재자의 행동 양식과 조직적으로 결합된 하나의 질서가 있는 것으로 되어 있다. 종교의 입장에서 이 유일 절대의 근원은 정의와 자비의 완전한 구현인 세계의 창조자로서의 각자의 신으로 인식된다. 어떤 종교에서는 도덕률의 우주적 확대 아니면 체험의 세계 및 이에 관련된 일체를 초월한 초인간적인 존재로서 인식되어 있다.

셋째로는 인간의 영혼에 관한 인식 태도의 문제이다. 원시 사상에서는 영혼을 자연이나 자연 비슷한 전일성(全一性)으로서 인식한다. 말하자면 생명체에 있어서의 호흡이라든가 땅 위의 움직이는 그림자에서 감지하려 하는 것이다. 문명사회의 종교 지도자는 그것이 자기네들의 체험과 요구에 전연 적합하지 않다는 것을 깨닫고 이런 인식 방법의 용납을 포기했다. 보편적 도덕률의 타당성을 인정하고 유일 절대의 신에 호응하면서, 그들은 자기 자신 가운데서 일찍이 원시인은 상상조차 못했던 정신적 능력을 발견했다. 인간의 영혼에서 그들이 상대할 수 있는 이 능력이야말로, 감정과 행동을 지고(至高)의 도덕적 이상에 접근하게 할 수 있으며, 그 이상에 구현된 신적 존재와의 조화를 이룩할 수 있는 바로 그 '힘'인 것이다. 인간에 내재하는 이 힘으로 말미암아 '자아(自我)'니 '정신'이니 하는 개명된 관념이 등장하였고, 이 관념들은 눈에 보이지도 손에 닿지도 않는 것이면서 인간의 개성을 형성하는 데 불가결한 것으로서 자기만이 가장 실존적이며 높은 가치를 내포하고 있다는 신념을 부여하는 것이다.

제사는 인간 행복의 본질에 관해서 있을 수 있는 확신에서 온다. 여기서 말하는 '행복'이란 인간의 참된 안락과 존엄성의 기저(基底)를 말한다. 이에 대한 원시인의 신조는 지극히 간단했다. 그들에겐 행복이란 마음껏 인간의 욕망 그대로를 만족시키는 그런 상태를 말한다. 인간 개성의 한모퉁이에서 앞서 말한 욕망의 추구만을 꾀하는 것을 진정한 자아가 아니라, 미숙한 소행으로 보는 일은 아직 없었다. 그러나 문명사회의 종교적 선구자의 눈에는 야생적 욕망의 추구는 행복의 지침으로서는 의지할 바 못 되고 도리어 자기뿐만 아니라 주위에 대해서 불행과 고통을 가져온다고 보였다. 참된 행복이라는 것은 그러한 욕망을 초월할 수 있는 데서만 가능하다는 것이다. 이러한 초월이 현실 가운데 합일됨으로써 인간은 원시적 번뇌의 만족과는 성질을 달리하는 진정한 유열(愉悅)을 맛볼 수 있다. 이 점은 기독교에 있어서의

‘그리스도’에서 좋은 실례를 발견할 것이다.

흔연히 인간의 내재적 양능(良能)을 십분 구현하기 위하여 문명된 종교는 각자 독특한 방법론에 따라서 앞서 말한 일반적 특색을 나타내고 있다. 한 종교가 다른 종교에 대해서 광신적(狂信的)으로 반감을 가지는 그러한 시대는 지나갔다. 그 대신 각자의 정말 고귀한 점을 이해하면서 채장보단(採長補短)하려는 기운이 나날이 무르익어 가고 있다.

2

불교가 동양의 개명된 위대한 종교의 하나로서 앞서 말한 몇 가지 특색을 나타내고 있는 형태는 자연 그 이전의 인도의 종교 사상의 영향을 받았을 것이다. 붓다(Buddha) 자신이 직접 봉착한 시련이 한갓 역사적 상황이 되어 그대로 반영되었다고 볼 수 있다. 동시에 붓다라는 고금독보(古今獨步)의 천재적 인격에게서 이루어진 것은 물론이다.

고대의 문헌을 통해서 들여다볼 수 있는 인도의 초기 종교는 ‘베다스(Vedas)’, 또는 특히 ‘리그 베다(Rig Ve-da)’라는 이름으로 알려져 있는 기록을 통해서이다. 대체로 그것은 원시 종교의 테두리를 벗어나지 못했다. 거기서 신이라 함은 태양·대지·비·축화(祝火), 황홀한 명정(酩酊), 하늘, 바람에 나타난 자연의 여러 가지 힘을 가리킨다. 그러다가 기원전 약 8백 년부터 '우파니샤드(Upanishads)'란 신기한 문헌이 나타났다. 여기에 나타나는 성자(聖者)들은 우주와 인간의 본성에 파고 들어가는 '신비 철학'을 털어놓았는데, 시종일관 구원을 희구하는 인간의 모색이 심각하게 그려져 있다.

이 신비 철학이란 용어를, 막연한 저주(詛呪)를 의미하는 것이 아니라 종교와 형이상학의 관계를 명확히 설명하는 뜻으로 사용한다면, 그것은 도대체 어떤 의미와 내용을 가지는 것일까? 이와 같은 위치 설정은 기독교·회교·유교 같은 몇몇 종교를 위해서 다소나마 역사적 기준을 제공한다. 도교나 인도의 종교에 있어서는 이것이야말로 유일 절대의 기준을 의미한다. 그리하여 그 신봉자들의 체험에 관한 일체의 사명과 의미는 물론이요, 그 신학적 해석까지를 결정하는 것이다. 그런데 신비주의적인 사고 방식에서는 인간의 구제를, 각자의 불안과 자기 중심의 세계를 떠나, 보편 절대의 차원으로 승화하는 데 있다고 생각한다. 불안정하고 짧고 허무한 세계로부터 만물의 궁극적 목표인 '영원의 터전'으로 돌아간다는 것이다. 인도의 성자의 갈망은 그러므로 부분으로서의 개체가 전체로 돌아가려는 정열에서 볼

수 있다. 그것은 유한의 존재가 그 구속 많은 장애물을
벗어 버리고 무한의 차원으로 나아가려는 동경이다.

앞서 말한 우파니샤드에서도 가장 널리 알려진 기도
의 1절을 소개하면 다음과 같다.

> 허(虛)에서 실(實)로 인도하며
> 어둠에서 빛으로 인도하며
> 죽음에서 영생으로 인도하옵소서.

이것이 인도 종교의 진수(眞髓)이다. 인생의 문제는
현실의 존재에 뿌리박고 있다 할지라도 이미 제시된 승
화의 예시에 대한 희구는 그칠 줄 모른다. 거기에는 인
간의 무한한 희망이 있어, 이때까지 체험한 모든 것과
비교할 때 그것이 사실은 실에 대한 허였고 광명에 대
한 암흑이었으며, 삶에 대한 죽음이었다는 것을 여실히
깨닫게 된다. 그러므로 인간의 임무는 자기가 살고 있
는 이승의 속세로부터 벗어나 제한된 자아를 지양하고
초월 현실의 영역으로—진선진미(眞善眞美)의 그윽한
근원으로 귀일(歸一)하는 데 있다. 종교는 이 끊임없는
귀일의 길을 가리킨다. 종교가 여기까지 나아가지 못한
다면, 참된 종교가 될 수 없다는 것이 인도 사람의 정
신이다. 이 임무야말로 종교적 선구자가 아니면 들여다

볼 수 없는 인간의 새로운 가능성을 발현(發現)하여 인간의 앞길을 비춰 주는 데 있다.

암굴(岩窟)에 관한 플라톤의 유명한 비유(原註=≪共和國≫ 제7장)는 인간의 구제에 관한 인도의 사상을 시적(詩的) 내지 철학적 형식으로 설명한 것이다. 허의 어둠으로부터 많은 곡절 끝에 진정 광명의 실의 세계로 들어가는 비유가 이것이다. 그러므로 플라톤의 독자라면 인간 해방에 관한 전체 과정이 순전히 지적(知的)이라는 인상을 갖게 될 것이다. 그러기에 그 세계에 들어가는 것을 고도의 철학적 소양 없이는 생각하기 어렵다는 것을 알게 될 것이다. 인도의 신학자에게도 지적 통찰력이 필요하기는 하지만 전일(全一)의 세계에 참입(參入)하는 데는 단순히 지성만 가지고서 논할 바 아니라고 생각한다. 그것은 차라리 전인격(全人格)의 개조, 다시 말해서 오랫동안의 부단한 수양의 결과로써만 이룩할 수 있는 문자그대로의 새로운 생명의 탄생을 가리킨다. 그것은 현재의 우리를 에워싼 집착이라든가 자타(自他) 사이에 성벽을 쌓아서 좁혀 들어가는 소아(小我)의 세계로부터 벗어나려는 데 그 골자가 있다. 왜냐하면 무한과 영생(永生)으로 나아가는 길을 줄곧 가로막고 있는 것이 바로 이것이기 때문이다. 이승에서 인생이라고 생각하는 그것은 사실 죽음에 지나지 않는다.

그러기에 인간의 임무는 거기로부터 떠나 진정한 인생으로 나아가자는 것—다시 말해서 인간 각자가 선천적으로 조물주로부터 타고난 양능(良能)을 발휘하여 새 생명으로 나아갈 수 있다는 것이다.

문명사회의 종교로서 불교의 탁월한 특색은 우파니샤드에서 비로소 해명된, 소위 신비 철학의 기본 관념을 간단히 서술함으로써 가장 명백히 드러날 것이다. 그리고 완전히 파악하는 것은 붓다의 진리를 이해하고 불제자(佛弟子)들의 사상적 발전의 경우를 알아보는 데 불가결한 일이다.

첫째, 가장 중심적인 관념으로서 형이상학적 절대자로서의 브라만(brahman)의 사상이 있다. 이 브라만에서 모든 것이 나온다. 그리고 모든 것이 브라만으로 돌아간다. 그 자체로서 브라만은 불가지(不可知)의 존재이다. 그러나 그것이 인간을 위하여 형태를 갖출 때 '사트—치트—아난다(Sat-chit-ananda)'로, 다시 말해서 실(實)과 지식과 축복의 근원으로서 나타난다.

다음으로 영혼, 혹은 자아로서 '아트만(atman)'의 사상이 있다. 이 사상의 본뜻은, 모든 인간의 진정한 자아는 브라만과 동일한 것이며 자아가 여기에 합일할 때 구원에의 탐구가 성취된다는 힌두(Hindu) 사상의 중심을 가리킨다. 사람의 영혼이 브라만과 합일되지 않았을 때 그것을 '지바트만(jivatman)'이라 한다. 혹은 전연 다른 의미의 '푸루샤(purusha)'라고도 한다. 합일의 삼매경에 이르는 그윽한 경지를 가리켜 '모크샤(moksha)'라고 하는데 이것은 '석방', 혹은 '해방'을 의미한다. 여기서 가장 중요한 요점은 육체의 욕망이나 일시적인 잡념으로 인하여 일어나는 일체의 집착에서 벗어나 브라만의 세계로 들어갈 수 있는 길이 무엇이냐 하는 데 있다. 결국 현실의 이 번잡한 인생에서 모든 집착을 쫓아버리고, 영혼이 깃들어 있는 육체가 죽기 전에 '모크샤'의 경지에 도달한다는 것은 하늘에서 별을 따는 것과 마찬가지로 어려운 일이다. 그러나 영혼만은 육체와는 관계없이 존속하되, 집착이 완전 소멸될 때까지는 여러 가지 형상을 빌려가며 결코 죽지 않는다. 그리고 영혼은 과거에도 무수한 형상을 통해서 살아 온 것이다. 인간의 좁은 욕구의 잔재가 완전히 사라질 때까지 필연적으로 계속하는 가운데 드디어 '생사(生死)의 바다'에서 계속 윤회(transmigration)가 잇따라 일어나는 것을 가리켜 '삼사라(samsara)'라고 한다. 그리고 새로운 형상으로 태어나도록 결정하는 것을 '카르마(karma)'라고 부른다. 이 사상으로부터 인도 사상에서 말하는 소위 '인과법칙'을 설명할 수 있으며 인간의 도덕적·정신적 체험 가운데 지배하는 이 법칙은 독특한 양상을 통해서 작용한다. 지나간 존재 다음에 오는 새로운 위치는 과거의 원인에 대한 현재의 결과에 불과하다. 이와 마찬가지로 현재의 존재 다음에 올 새로운 형상은 현재의 모든 것의 결과를 의미한다. 아니면 좀더 일반론적으로(일체의 체험과 존재의 신진대사 사이에 일관 적용되는) 다음과 같이 나타난다. 카르마의 법칙은 선미로운 선택과 성실한 노력과 미행(美行)은 선미로운 성격을 만들고, 나쁜 선택과 타성. 악행(惡行)은 나쁜 성격을 만든다는 것을 가르쳐 준다. 후자의 경우, 윤회의 길은 멀고 완전한 경지를 바라기 어렵다. 왜냐하면 악의 성격이 돌연 선으로 전환한다는 기적을 바랄 수 없기 때문이다. 대신 전자의 선은 완전한 경지에 이르는 시간도 빠르고 성공하기도 쉽다. 여하간 존재자(存在者)는 사로병사(死老病死)에 따르는 악의 유혹을 박차고 줄곧 카르마의 법칙에 따라 브라만의 축복된 경지로 밀고 나아간다.

이상의 다섯 가지 사상 이외에 '다르마(dharma)'라는 여섯째 사상에 대해서 언급하지 않을 수 없다. '다르마'란 말은 인도 사상에서 여러 가지 넓은 뜻을 가지고 있는데, 그 중에서 가장 일반적이며, 보다 더 구체적인 해석은 '인간이 그 양능(良能)을 발휘하고 도덕적·사회적 의무를 수행하기 위한 길'이라고 보는 것이다. 이것이 불교로 넘어가서는 가장 현저한 발전을 보았고 이에 대한 중요한 대문은 추후에 설명할 작정이다.

물론 다른 가르침에 따르는 몇 가지 법칙에 의하여 다소 수정을 요한다고는 하지만 붓다는 이상 설명한 '모크샤'·'삼사라' 및 '카르마'의 사상에 표현된 의미 내용을 대체로 그대로 받아들인다. 브라만의 사상 가운데서 중생(衆生)의 초월적 근원에 관련되는 것은 그것이 너무나 형이상학적이라는 점만은 받아들일 수 없었다. 종교적 탐구의 목표를 세우는 데, 브라만을 전적으로 거부하는 대신 수정하는 길로 나아갔다. 그래서 그 목표를 브라만에의 귀일로 보지 않고 '니르바나(nirvāna)'에의 도달이라고 고쳤다. 그 당시 신학자들은 불변 실존(不變實存)의 자아란 뜻으로 해석하고자 '아트만'이란 용어도 보다 더 박력 있는 인간의 관념을 내세우기 위하여 받아들이지 않았다. 저 유명한 '아나타(anatta,영혼의 거부 형식)'에 관한 불교의 원리와 니르바나에 따르는 여러 문제에 대해서는 추후에 명백히 할 작정이다. 이 방면에 있어서 그의 사상은, 생명체를 포착한 일체의 만상(萬象)은 부단히 변화하다가 결국 사멸하고 만다는 것이다. 붓다가 생존 당시부터 우파니샤드에 부수되는 종교적·철학적·심리적 사상의 원형을 받아들이는 한편, 상당한 부분을 포기했다는 사실은 그의 사상이 인도의 전통에 기반을 둔 반면에 그 유산(遺産)을 과감하게 비판하여 전면 새로운 국면을 개척한 그 당시의 사정을 말하여 준다.

그러면 붓다가 직면한 보다 더 광대한 인간 조건의 주요한 특징은 무엇이었던가? 대체로 붓다가 직면한 당시의 상황은 급격한 사회적 재조정(再調整)이 요청되었었고 이에 따라 종교적인 대응이 심각하게 필요했다고 봐야 한다. 북부 인도에서는 군소의 군주와 서로 적대시하는 계급끼리의 전쟁이 그치지 않았고 그러는 가운데 사회 구성은 나날이 엄격한 계급제도의 방향으로 굳어져 가기만 했다. 현재의 사회적 지위로부터 기어올라 간다든지 좀 더 많은 성공의 길을 찾는다는 것이 차차 어려워져 갔고, 종교적인 앞날에의 통찰은 이미 죽은 과거의 전통 때문에 흐려지기만 했다.

베다스로 말하더라도 유일 절대의 성전(聖典)으로서만 행세했을 뿐 현재의 산 진리로서 모색한다거나 새로운 해석을 내리는 법은 없었다. 그래서 어떻게 하면 의식 절차(儀式節次)를 좀더 정확하게 밟느냐 하는 데만 중점을 두게 되었고 종교에 관한 탐구자들도 가짜의 형이상학적 호기심을 만족시키는 데만 급급한 나머지, 자기네들의 대수롭잖은 이론을 억지로 옳다고 주장하면서 상대방의 이론에 대해서 터무니없는 시비를 일삼기가 일쑤였다. 게다가 붓다의 눈에 가장 곤란한 것으로 비친 것은 종교가 이와 같은 시비와 여러 가지 폐단을 낳는 사이에 인간의 일상생활에 요구되는 면이 전연 무시되고 있는 것이었다. 그래서는 진정한 완성의 길로 인도하는 것도 아니요, 보다 더 믿을 수 있는 행복의 터전을 닦는 것도 아니었다. 그리하여 결국은 진보를 가로막는 과거에 구애되어 번잡한 의식(儀式)과 이미 죽어 없어진 말썽 많은 독단론(獨斷論)만이 횡행하였다. 이와 같은 장애물을 일소하고 인간의 근본 문제에 대한 영원한 해결의 길을 모색하여, 인도와 세계를 위하여 자비로운 광명과 사랑에 복음(福音)을 점지하는 것만이 자기에게 부여된 유일한 사명이라고 생각했다.

붓다는 사크야 족(Sakya 族)의 왕자로서 탄생(기원전 6세기 전반기)했다. 그곳은 현재 네팔의 전부와 인접해 있는 북부 인도 일대를 판도(版圖)로 하였고 수도는 카필라바스투라 한다. 선조의 이름은 가우타마(Gautama), 혹은 고타마(Gotama)라 하고 이름을 '싯다르타(Siddartha)'라 했다. 현재 이 이름이 무엇을 의미하는가를 아는 사람이나 이 이름을 사용하는 사람은 거의 없다. 그것은 마치 나사렛의 예수가 그의 열렬한 추종자 및 서방세계의 인사(人士)들에게 그리스도, 다시 말해서 세계의 구세주로서 나타난 '하나님의 아들'이라 불리는 것처럼, 인도의 이 위대한 종교와 철학의 선구자도 그 뒤

에 가서 붓다, 다시 말해서 광명(光明)의 성자(聖者)로
서 문명사회의 인간에게 진리와 기쁨과 평화를 점지하도
록 숙명적인 사명을 띠고 나타난 것이다. 동시에 우리는
역사상 종교적 중요성에서 지어진 두 개의 존칭을 알아
둘 필요가 있다. 그 하나는 누구든지 손쉽게 이해할 수
있는 것으로서 사크야무니(Sakyamuni), 다시 말해서
사크야족의 예언자라는 칭호이다. 또 하나는 오랜 시일
이 흐르는 사이에 열렬한 불제자들이 부른 일종의 애칭
으로서 '해탈한 사람', 또는 간단히 '완전한 사람'이라 하
여, 완전한 정신의 경지에 도달했다는 것을 가리킨다.
　이 위대한 인간의 생애를 엿보여 주는 동시에 주변을
감도는 신화와 역사의 혼합체를 뚫고 그 진리를 파악한
다는 것은 종교를 연구하는 사람들의 기쁨이기도 하다.
붓다의 역사에 담긴 여러 가지 소상한 얘기는 그들의
끊임없는 경건한 상상력의 날개를 타고 얼마든지 찾아
볼 수 있다. 독자 중에서 그것을 알아보고자 하는 분이
있다면 에드윈 아놀드(Edwin Arnold) 경(卿)이, 붓
다가 돌아간 후 5, 6백년 동안의 여러 전기 작가(傳記
作家)들이 붓다의 일생을 그려낸 자료에 의거해서 저술
한 《아시아의 빛(The Light of Asia)》이라는 책을
읽으라고 권하고 싶다.
　그 중에서 믿을 만한 부분은 극히 적고 대부분 허황

한 이야기이나 그 중 얼마 안 되는 부분은 심오한 내용을 간직한다. 싯다르타는 사치와 모든 인간의 육감적 향락의 도가니 속에서 성년이 될 때까지 성장했다. 그는 부친의 덕으로 인생이 겪어야 하는 슬픔과 불안·번뇌 같은 것은 깨닫지 못할 정도로 안일한 세월을 보냈으나, 나이 스무 살을 넘어설 무렵에 그는 비로소 늙음과 병과 죽음을 알게 되었다. 처음으로 그는 사멸(死滅)의 세계로 숙명지어진 채 태어난 인생의 불행이 어떻다는 것을 알게 되었고, 이 최초의 체험에서 그는 심각한 반성을 하게 되었다. 그러자 지혜와 통찰력과 안심의 경지를 닦은 어느 중을 만나서 확고부동한 행동을 취하기로 결심했다. 그것은 이 이상한 세계에서 인생의 의미를 알지 않고서는 견딜 수 없었기 때문이다. 그래서 자기만의 안일을 위한 모든 것이 마련되어 있는 왕성(王城)을 빠져나와 아름다운 부인과 갓난아들을 버리고 인생을 탐구하는 데 적합한 숲속을 방황하기 시작했다. 그의 목적은 진리를, 생과 사와 고(苦)와 낙(樂)에 관한 본질적이며 자비로운 진리를 발견하는 데 있었다. 무자비한 자학의 고행(苦行)을 7년 동안 계속하면서도 그는 굳건히 초지(初志)를 굽히지 않았다. 거기서 은둔해 있는 유명한 수도자에게 질문을 했다. 인도에서 흔히 볼 수 있는 고행의 계율에 따라 그는 극도로 육체에 대한 금욕주의를 지키고 드디어 아사(餓死)상태에서 방황하던 끝에 의식조차 희미해지고 말았다. 다시 정신을 차리자 그는 이것이 결코 옳은 길은 아니라는 것을 깨달았다. 그렇게 모질게 육체를 괴롭히는 데서 정신의 광명과 평화가 오기는커녕 오히려 쇠약과 마음의 혼미함과 무기력 상태를 가져올 뿐이라는 것을 알았다. 지금까지 탐구하던 대오(大悟)·해탈의 새로운 길을 점차 발견하기 시작했다. 간악한 마라(Mara)라는 마귀의 쉴 새 없는 유혹을 박차고 나서 그의 오랜 구도(求道)의 탐구는 마침내 정정한 보리수 그늘 아래서의 오랜 명상을 통해서 비로소 완성되었다. 그래서 이 나무는 불교에서 신성시되었고 문제의 이 보리수는 인도의 동북, 현재의 가야(Gaya) 시(市)에서 얼마 떨어지지 않은 곳에 있다.

남방 불교의 역사적 전통에 의하면, 인류 역사 속의 중대한 이 사건은 기원전 544년 5월 만월(滿月)에 일어난 것으로 되어 있으며, 그 기록이 정확하다면 본서는 이 획기적인 일이 있은 지 만 2천 5백 주년에 출판된 것으로 봐야 한다.

해탈의 환희를 안고 그는 다시 일어났다. 그리고 잠시 거기서 지체했다가 2백여 마일쯤 서쪽에 있는 베나레스(Benares)의 성도(聖都)를 향해서 천천히 걸어갔다. 그러면 이 발견을 어떤 방법으로써 사람들에게 알아들을 수 있도록 타일러 참된 행복과 평화의 경지로 인도할 수 있었을까? 자기가 도달한 이 거룩한 해탈의 세계를 자기만이 간직하고 싶은 유혹도 없었던 바 아니었으나, 차라리 중생을 깨우쳐 주는 것만 같지 못하다는 결론을 얻게 되었다. 사람들에게 알려주기 위해서는 인생에 관한 진리를 언어라는 불완전한 매체를 통해서 계시(啓示)해야 하였고, 듣는 사람으로 하여금 그것이 현실의 절실한 요청이라는 사실을 깨닫게 하여 그 세계에 도달할 때까지 수행(修行)의 노력을 게을리 하지 않도록 해야만 되었다. 그리하여 베나레스 근교의 강에서 몇 마일 떨어지지 않은 곳에서 그는 최초의 설법을 시작하였고 처음으로 신자(信者)를 얻었다. 그 뒤 40년 가까이 그는 자기의 복음을 계속 전파하면서 성실한 탐구자의 의문에 대답하며, 그를 따르는 모든 사람에게 만족을 줄 수 있도록 진리를 체계화하고 확대하여 곧 이용할 수 있도록 만들었다. 그의 나이 80세에 사랑하는 불제자 아난다(Ananda)의 팔에 안겨 돌아가면서 그는 다음과 같은 말을 남겼다.

생사(生死)는 필멸(必滅)이니 근행(勤行)으로써 해탈의 길을 찾으라.

이상 간단하게 그 전기를 소개한 이분은 과연 어떠한 영향을 인간에게 끼쳤을까? 가우타마 붓다는 도저히 서로 조화있게 합칠 수도, 실천할 수도 없는 두 가지 미덕을 최고도로 발휘하였다고 볼 수 있다. 한편으로 그는 무한한 인간적인 자비심과 끊임없는 인내력과 굳센 힘과 선의(善意)를 간직하고 있었고, 진정 자기를 찾아오는 사람에 대해서는 솔직하게 친절로써 대했다. 이렇게 하여 자기를 따르는 자에게 오직 가장 탁월한 인류의 지도만이 깨우쳐 줄 수 있는 교시를 베풀었다. 그런가 하면 한편으로 그는 다시없이 깊은 철학적 세계로 파고 들어간 사상가이기도 했다. 말하자면 절륜(絶倫)의 예리한 분석적 이해력을 보여 준 인류 사상 유수(有數)의 위대한 지성인이었다. 그는 당시 유행하던 사상의 장점과 허위성(虛僞性)을 파고 들어가서 타당하다고 생각하는 것이면 그것을 채택하되, 진실과 성장점을 상실한 것이면 과감하게 묵살하든가 아니면 수정을 가했다. 불교가 모든 세계의 종교 가운데서도 인생 문제에 대해서 계통적이며 합리적인 분석을 가장 진솔하게 의식적으로 가함으로써 그 해결의 길을 연, 몇 안 되는 종교의 하나로서 등장한 것은 바로 붓다의 이와 같은 특이한 역량의 덕택으로 보아야 할 것이다. 붓다는 인간애(人間愛)의 선구자이며 철학적 천재인 동시에 양자

를 하나의 박력있고 빛나는 인간성에다 종합하였던 것
이다.

본서에 수록된 경문(經文)을 이해하기 쉽게 하기 위
하여 이상의 간략한 서론에다 약간의 설명을 첨가해야
한다고 생각한다. 그래서 서론의 끝에 가서 불교가 그
창시자의 사후에 가서 어떠한 발전을 보았는가를 대충
말해 둬야겠다.

가우타마의 박력있는 인간성의 방영으로 인해 불교는
애당초부터 신속하게 전파 되었다. 붓다의 사후 두 세
기 이내에 인도 최초의 불교 신자인 아소카(Asoka)왕
이 등극했다. 왕의 힘을 빌려 이 새로운 종교는 인도의
여러 지역으로 전파되었을 뿐만 아니라, 실론(Ceylon)
및 인접 지대로, 특히 동부와 서부 지역으로 뻗어 나갔
다. 그 뒤 천 년 동안 불교는 인도의 종교·도덕·예술
·교육 및 사회생활을 형성하는 데 막중한 역할을 했으
나, 그 천 년이란 세월이 흐르는 동안 인도 반도에서
점차로 그 세력이 기울어지기 시작하여, 다음 5백 년
사이에 발상지인 인도로부터 거의 자취를 감추다시피
되었다. 그러나 포교(布敎)에 있어서의 정열 때문에 불
교는 계속 존속 발전했다. 그 신봉자들의 구세제민(救
世濟民)의 열성으로 그 때부터 북쪽과 동쪽 아시아로
널리 퍼져갔다. 대신 서쪽과 서북 지역에서는 때마침

회교(回敎)의 침투를 만나 퇴각하였다. 그러나 실론·버마·타일랜드 및 몇몇 동남아시아 지역의 주요한 종교로서 발전했고 중국과 한국에서는 현존의 산 종교로서 뿌리를 박았으며 티벳을 장악하고 신도(Shinto, 神道)와 합쳐서 일본 종교를 쉽게 지배하기에 이르렀다.

포교의 힘을 빌려 이처럼 맹렬히 전파되는 가운데 불교 자체에는 상당한 변화가 왔다. 이 중요한 변혁기의 초기인 기원전 2백 년부터 서기 2백 년까지 사이에 불교는 마하야나(Mahayana)·히나야나(Hinayana)의 두 파로 갈라지기 시작했다. 이 두 파의 불교의 명칭이 결국 마하야나의 견해를 그대로 반영한 것이기 때문에(마하야나는 대승〔大乘〕의 제도를, 히나야나는 소승〔小乘〕의 제도를 의미한다) 여기서는 '테라바다(Theravada:장자의 길)라는, 히나야나 불교의 전파지역에서도 별로 구애되지 않는 이 말의 뜻부터 캐어 보기로 한다. 대체로 불교가 널리 퍼지면 퍼질수록 발상지로부터 발단의 연대에 이르기까지 더 한층 변천이 심해져 가는 법이다. 이 점에 유의하면 새로운 사상과 새로운 중점을, 특히 중국과 일본 불교의 사상을 보여 주는 경문을 이해하는 데 도움이 될 것이다.

현재 불교는 동양에 대한 서양 문화의 도전적인 공세와 현대의 세계에서 들고 일어선 여러 가지 힘과 힘이 어떻게 하면 구애없이 적응할 수 있을까를 모색하고 있는 것이다. 불교 국가의 공통된 상황에 유의하여 보건대 금후에 올 두 가지 희망적인 징후가 나타나 있다. 그 하나는 테라바다고 마하야나고 할 것 없이 모든 국가의 불교도를 규합하기 위한 세계 불도 동지회(世界佛徒同志會:World Buddhist Fellowship)의 결성이다. 이미 두 차례의 대회를 가진 이 단체에서는 단결된 불도의 통합이 세계적으로 일어나고 있다. 또 하나는 랑군에서 열린 6차 불도협의회(佛徒協議會:Buddhist Council)인데, 1954년 5월부터 2년간 여러 차례의 회합을 거듭하면서 석가 탄생 2천 5백 주년 기념일을 축하하는 데 총력을 기울이며 처음으로 불경 전부를 발간하자는 계획이 익어 가고 있어 그 성과가 기대되는 바이다.

3

본서에서 다음과 같은 자료를 취사 선택하는 데 따르는 여러 가지 고충에 대해서 몇 마디 언급하겠다.

테라바다 파(派)에서는 트리피타카(Tripitaka, 註＝세 개의 초롱〔草籠〕이라는 뜻)가 불교의 중요한 경전을 의미한다. 그러나 대체로 불교에서는 기독교에 있어서의 성서라든가 회교에 있어서의 코란과 같은 뚜렷한 경전은 없다. 그렇기 때문에 나는 이 책의 이름을 퍽 넓은 의미에서 해석했던 것이다. 그래서 좀더 이해하기 쉬운 제목으로서 〈불교 발전에 있어서의 여러 가지 역사적 경향을 말하여 주는 교의(敎義)〉 정도로 붙일 수밖에 없다. 그리고 설령 마하야나 불교에 의거해 본다 하더라도 이와 같이 넓은 의미에서 해석하지 않을 수 없을 것이다. 결국 이 모든 일반적 경향은 붓다 자신의 영감(靈感)으로부터 나오는 것이다. 그러니만큼 여기에 수록된 문헌은 가장 초기의 논총(論叢)이 기록된 당시로부터 일본 불교에서 유력한, 맨 나중의 종파(宗派)가 설립된 후 13세기에 이르는 장구한 역사적 과정에 걸친 것이니만큼 연대에 따라 여간 다양성을 띠지 않았다.

　이렇게 관찰한다면 저자가 추려 낸 자료의 분야는 실로 광범위하다. 그러나 그 대부분은 아직 상세한 비교 검토를 할 수 있도록 간단히 입수할 수가 없다. 그리고 전부를 영어로 번역한다는 것도 전혀 불가능하다.

　본서의 성격상 흥미있는 문제에 대해서 일일이 주관적 판단을 내리는 일은 감히 손 댈 것이 아니라고 본다. 그러나 붓다가 남긴 말을 가장 직접적으로 기록한 초기 경전으로부터 몇 세대 내지 몇 백년 이후에 가서 기록된 것 중에서 그 어느 것이 붓다의 정신을 가장 많이 담은 것인가에 대해서는 필자의 의견을 가미한 그때 그때의 판단을 내리지 않을 수 없었다. 이런 의미의 판단은 제1부에 수록된 자료에 그대로 나타나 있다. 그리고 첫 3장에 들어 있는 기록의 대부분은 그 연대나 경전으로서의 중요성이 거의 동일하게 보아도 무방할 것이다.

이러한 견지에서 제2권에 수록된 여섯 가지 부분은 별로 설명을 필요로 하지 않는다. 이 부분에 대해서 필자가 특히 고려한 것은 될 수 있으면 한 자리에서 하나하나의 부분을 읽어 내릴 수 있는 분량으로 제한하는 데 있었다. 그러나 독자는 기분나는 대로 이 부분 저 부분으로 뛰어서 읽어도 무방할 줄 안다.

나는 여기서 본서를 엮는 데 많은 도움이 되어 준 두 권의 서적을 소개하지 않을 수 없다. 이 방면에 좀더 상세한 연구를 희망하는 독자에게 좋은 지침서로서는 에드바르드 콘체(Edward Conze)의 ≪불교 경전 총람(佛敎經典總覽:Buddhist Texts Through the Ages≫ (published 1954, by Philosophical Library)을 권하고 싶다. 또 한가지 유익하고 귀중한 서적으로 해밀턴(C.H.Hamiltons)의 ≪불교(Buddhism, published 1952, by Liberal Arts Press)≫가 있다.

머리말을 마침에 즈음하여 필자는 이 조그만 한 권의

책자를, 수천 년 동안 자비로운 정신으로 많은 혜택을 남긴 붓다의 탁월한 인격을 추앙하며 미흡하나마 그 공덕을 찬양하기 위하여 내놓는다. 붓다의 곡절 많은 인생은 2천5백 년 전에 끝났다. 그러나 그의 정신은 아직 뚜렷하게 살아 있으며 그 찬란한 공덕은 햇빛처럼 눈부시다. 바라건대 이 책이 계기가 되어 붓다가 창시한 이 위대한 종교에 관한 지식이 널리 전파되어, 붓다가 이 세계를 위해서 남긴 제도(濟道)의 진리가 좀더 깊이 이해될 수 있다면 필자의 간절한 의도는 이루어지는 셈이다.

I 불교의 초기경전

1 불교의 근본원리

서   론

이 부분에서는 가우타마께서 성불(成佛)하신 뒤에 남기신 기본적인 동시에 감명 깊은 교훈을 주로 취급한다. 물론 전부는 아니지만 다음 자료는 대부분 부처님께서 돌아가신 몇 세대 후에 성문화된 것이기는 하나 그래도 필자는 비교적 부처님의 중심 골자와 그 정미롭고 자비로운 인간성을 정확하게 전해 준 것이라고 본다.

위대한 정신계의 선구자인 동시에 철학자이신 부처님께서는 부분적인 지혜라든가 모든 권세 및 전통에 대한 집착을 내세우는 것을 전적으로 반대하셨다. 그는 중생의 보편적 문제를 내포한 인간의 평범한 이성과 체험 위에다가 자기의 진리의 표준을 세웠고, 그것이 오류를 범하지 않아도 좋은 데 독특한 길을 발견하셨다.

그러면 그 문제는 무엇일까? 그 본질은 이세상에 태어나서 죽어 가는 생명이 불가피하게 부딪치는 여러 가지 폐단을 극복함으로써 이루어질 수 있는 것이며, 그

폐단을 없애기 위하여 인간은 자타(自他)의 참된 행복의 길을 착각하고 있다는 사실로부터 출발한다. 체험에서 얻은 교훈에다가 이성을 어떻게 적용하느냐를 명백히 함으로써 우리는 진정한 인간성의 조건 가운데서 온당치 못한 조건을 지워 버릴 수 있으며, 이렇게 해서 여러 가지 유해무익한 마음의 잡된 요소를 제거할 수 있다는 것을 부처님께서는 의심하지 않으셨다. 특히 자신만만하셨던 것은 체험에서 배운 기본적 교훈을 합리적으로 분석함으로써 각자의 본성 깊숙이 숨어 있는 악의 근원—자신의 참된 행복을 찾고 남의 행복을 가져올 수 있는 사람이 되려면 제거하지 않을 수 없는—을 캐낼 수 있다는 점이다. 이 점을 분석함으로써 인간의 보편적 문제를 불교의 입장에서 이해하게 되며, 그 근원을 제거하는 길이 바로 부처님께서 목표로 삼으신 구원의 길을 파악할 수 있게 되는 길이다.

이 기본적 분석의 요점은 저 유명한 베나레스에서의 설교에서 부처님이 자기의 지혜를 남에게 나누기 시작했을 때 이미 밝혀졌다. 이 문제의 설법의 중요성을 독자 여러분이 좀더 용이하게 이해하려면 부처님의 뜻을 보다 더 평이한 우리말로 옮겨보는 것이 좋을 것 같다. 그것은 '네 가지 높은 진리'를 가르치는데 이것을 풀이하면 다음과 같다.

1. 산다는 것은 불행하다.

2. 불행은 이기적 탐욕에서 온다.

3. 이기적 탐욕은 없애야 한다.

4. 이것을 없애려면 다음 여덟 가지 길을 따라야 한다. 그 길은,

　　(1) 옳은 이해

　　(2) 옳은 목적〔希求〕

　　(3) 옳은 말

　　(4) 옳은 행실

　　(5) 옳은 직업

　　(6) 옳은 노력

　　(7) 옳은 주의(注意)

　　(8) 옳은 집중

여기서 부처님은 이세상에 대해서 무엇을 말씀하고 계시는가? 첫째, 유한한 존재로써 세상에 태어났다는 단순한 사실로 인하여 모든 생자(生者)는 병과 늙음과 죽음을 피할 수 없다. 그리고 자기가 사랑하는 사람이 이런 고통을 받게 될 경우에 오는 슬픔도 있다. 이상의 불가피한 불행〔두카, dukha〕이 인생 문제의 전부이다. 그러나 이것조차도 만약 인간의 본성 가운데 맹목적으로 욕구〔탄하, tanha〕하지 않고, 분수에 넘치도록 우주에 대해서 자기 자신과 가장 사랑하는 사람에게 바라

는 생각이 없다면 인간은 불행해지지는 않을 것이다. 그렇기 때문에 바로 이 점을, 각자가 극복할 의무를 짊어지게 되는 것이니 이로써 인간은 자타의 믿음직한 행복의 참된 근원이 될 수 있다. 그러므로 이 점을 철두철미하게 몰아내지 않는 이상, 그것은 결국 인간의 행실을 좌우하게 되고, 인간의 정신상태를 좀먹게 되는 것이다. 그런데 보리수 나무 밑에서 부처님께서는 이 점을 완전히 극복할 수 있다는 것을 발견하셨고, 부처님의 뒤를 따른 사람들도 같은 것을 발견했다. 이러한 사실은 그 자체가 이상의 증명이 되는 것이다.

이것을 없애는 유일한 길은 앞서 말한 '네 가지 진리'에 대한 '여덟 가지 방법'을 반드시 실행하는 데 있다. 처음 두 방법은 가장 중요한 예비 조건이며, 인생 문제에 대한 이해와 그것을 실행하려는 확고한 목적이 서지 않고서는 더 나아가기를 바랄 수 없다. 다음 3. 4. 5는 작정한 목표와 일치되도록 일상생활을 간추려 보겠다는 자발적인 맹세 자체이며, 그 목표를 향하여 나아가게 하는 도덕적 기반을 말한다. 비록 정신세계의 입문자라 할지라도 사람은 정직하게 말을 사용할 수 있으며 도덕적인 행실의 기본 법칙에 따를 수 있다. 만약 이것을 실행하지 못한다면 어찌 한 걸음 더 나아가서 요청되는 극기(克己)의 경지에 도달할 수 있겠는가? 이렇게 해서

절대의 집중력을 갖게 되는 날 최후의 완성이 온다. 이
것으로써 이기적인 탐욕에서 오는 갖은 유혹과 변심(變
心)에서부터 완전히 해방된 정신상태를 갖게 되고, 이
경지에 도달한 사람은 재생해야 할 필요가 없어진다.
그는 니르바나로 들어간다. 이 세계에 들어가는 것은
단순한 사멸(死滅)이 아니라 탄하를 없애 버림으로써
얻어지는 상태, 다시 말해서 해방되었다는 생각에서부
터 오는 명확한 상태, 마음속의 평화와 힘, 진리에 대한
통찰력, 현실과의 완전 일치에서 오는 기쁨, 그리고 우
주의 중생에 대한 사랑이다.

(1) 베나레스에서의 설법

나는 들었노라, 옛날 녹원(鹿苑)에 있는 이시파타나
(Isipatana)의 베나레스(Benares)에 임〔Lord〕께서
계신 일이 있었다. 거기서 다섯 중을 향하여 임께서 말
씀하셨다.

그대들은 듣거라. 세상사람이 금해야 할 두 가지 극단
(極端)이 있다. 그 두 가지가 무엇일까? 욕되고 야비하
고 천하고 가치없는 정욕(情慾)과 사치가 부딪치는 곳이
다. 이 두 가지 극단을 피하여 타다가타(Tathagata,
原註＝붓다같이 완성된 사람)는 직감과 지식을 낳게 하

며, 흥분을 가라앉히며 높은 지식으로 해탈로, 니르바나로 나아가게 하는 중용의 해탈을 갖게 되었다.

그러면 타다가타가 직감과 지식을 낳게 하며, 흥분을 가라앉히며 높은 지식으로, 해탈로, 니르바나로 나아가게 하는 중용의 길은 무엇일까? 그것이 거룩한 여덟 가지 길이다. 즉 옳은 눈과, 옳은 마음과, 옳은 말과 옳은 행실과 옳은 생활과, 옳은 노력과, 옳은 주의력과, 옳은 집중이다. 듣거라. 이것이 중용의 길이요, 이로써 타다가타가 직감과 지식을 낳게 하며, 흥분을 가라앉히며, 높은 지식으로, 해탈로, 니르바나로 나아가게 하는 해탈을 갖게 되었다.

① 듣거라, 수도승들아. 고통에 따르는 거룩한 진리를 말하겠노라. 태생은 고(苦)다. 노(老)는 고다, 병은 고다, 사(死)는 고다, 비(悲)·애(哀)·고(孤)·실망은 고다. 불쾌한 것을 대하는 것도 고요, 소원이 성취되지 않는 것도 고다. 다시 말해서 인간에 따르는 다섯 가지 관능은 고다.

② 듣거라, 수도승들아. 고통의 진리를 말하노라. 쾌락과 탐욕이 함께 합쳐서 되살아나면서 정욕과 생과 영생을 탐하는 집착이 있다.

③ 수도승들아, 듣거라. 고통이 가셔지는 거룩한 진리가 있다. 탐욕과 절망도 없는 허탈(虛脫)의 경지다.

④ 듣거라, 수도승들아. 고통을 없게 하는 거룩한 길이 있노라. 그것이 거룩한 여덟 가지 길이다. 즉 옳은 눈, 옳은 마음, 옳은 말, 옳은 행실, 옳은 생활, 옳은 노력, 옳은 주의, 옳은 집중이다.

이것이 거룩한 고통의 진리이다. 이로써 비로소 새로운 원리가 나타났으며, 거기서 지식이 일어나고, 지혜가 일어나고, 광명이 일어났노라.

이것이 깨달아야 할 고통의 진리다. 이로써 수도승들아, 듣거라. 전에 듣지 못했던 원리에서 나로 말미암아 지식이 일어나고, 지혜가 일어나고, 광명이 일어났느니라.

임께서 이 말씀을 하시자, 다섯 수도승이 그 말에 기뻐 좋아라고 소리쳤다. 이렇게 설법이 계속되는 가운데 수도승 중의 장(長)인 콘단나(Kondanna)의 머릿속에 찬란한 진리의 눈이 뜨이기 시작했다.

임께서 진리의 바퀴를 돌리시고 있는데 지상의 제신(諸神)들이 소리를 질렀다.

베나레스의 녹원에서 임께서 진리의 바퀴를 돌리셨다. 금욕적인 브라민(brahmin)도, 신도, 마라도, 브라마도, 세상의 어떤 누구도 돌리지 못했던 바퀴를 돌게 하셨다. 천상의 사천왕(四天王)이 이 소리를 듣고 화(和)했고, 33의 천(天)의 제신도 소리쳤다. 브라마의 제신도 소리쳤다. 거룩한 진리의 수레바퀴가 베나레스의 녹원에서 임의 힘으로 돌기 시작했다. 세상의 어떤 누구도 돌리지 못했던 바퀴를 돌리셨다.

바로 이 순간, 이 찰나에 멀고 높은 브라마의 세계까지 소리가 뻗어 갔으며, 일반 세계 전체가 진동하며, 제신의 밝은 빛보다 찬란한 광명이 한없이 반짝였던 것이었다.

(2) 형이상학에 대하여

형이상학적 문제에 대해서 붓다는 어떠한 견해를 갖고 있었을까? 서양의 학도들은 일반적으로 이것을 일종의 불가지론(不可知論)으로 간주하기가 일쑤였다. 그러나 사실 붓다는 이것을 재치있게 건드리지 않으려고 했었고, 이러한 그의 현실적인 태도는 경전의 여러 곳에 그대로 나타나 있다. 그 중에도 다음에 소개하는 것은 마지히마 니카야(Majihima-Nikaya) 경(經) 63장에서 추려 낸 것이다.

이런 이야기를 들었다.

언젠가 아나타핀디카 원(苑), '제타바나'라는 수도원 안, 사바티에는 현자가 살고 있었다. 말룬캬푸타(Malunkyaputta)가 혼자 깊은 사색에 잠겨 있을 때 다음과 같은 생각이 떠올랐다.

현자는 모든 이론을 설명하지 않고 오히려 거부하였
는데 즉 세계는 영원한 것이라는 것, 세계는 영원한 것
이 아니라는 것, 세계는 무한하다는 것, 세계는 유한하
다는 것, 영혼과 육체는 동일하다는 것, 육체와 영혼은
떨어져 있다는 것, 성자(聖者)는 죽어도 산다는 것, 성
자는 죽으면 그만이라는 것. 이러한 문제에 대해서 현
자는 나에게 설명하지 않았다. 그것은 나에게 기쁜 일
도 아니며, 나를 위하는 것도 아니다. 그래서 나는 현자
를 찾아가서 이 문제에 대해서 물어 봐야겠다. 그러나
현자가 설명을 거부한다면 나는 종교에 대한 수행(修
行)을 집어치우고 속인(俗人)의 세계로 되돌아갈 수밖
에 없다.

그래서 말룬캬푸타는 곧 그곳을 떠나 현자 있는 곳으
로 찾아갔다. 거기서 그는 현자를 보고 절을 하고 공손
하게 그 곁에 앉았다. 그리고 다음과 같이 물었다.

"선생님, 제가 혼자 사색에 잠겨 있을 때 다음과 같은
생각이 제 머릿속에 떠올랐습니다. 즉 '세상은 영원하다
는 것, 세상은 영원한 것이 아니라는 것, 성자는 죽은
뒤에도 살아 있다는 것, 성자는 죽으면 그만이라는 것,
이런 문제는 선생님께서 설명하지 않았다. 만약 기어이
설명을 거부하신다면 나는 종교에 관한 수행을 포기하

고 속세의 인간으로 되돌아갈 수밖에 없다.'는 생각이 말입니다. 현자께서 세계는 영원하다는 것을 아신다면 세계가 영원하다는 것을 설명해 주십시오. 그러나 그것을 모르시거든 '나는 알 수 없다.' 즉 '나는 그런 눈이 없다.'라고 말씀해 주십시오."

"듣거라, 말룬캬푸타. 언제 내가 그대를 오라고 해서, 세계가 영원한 것이냐 영원한 것이 아니냐를 설명하기 위하여 내 밑에서 수행을 하라는 말을 했던가?"

"사실 그런 일은 없었습니다, 선생님"

"말룬캬푸타, 이 문제에 대해서 설명할 때까지 내 밑에서 종교에 관한 고생을 못하겠다는 사람이 있다면 그는 그 설명을 듣기 전에 죽고 말 것이다."

"말룬캬푸타, 그것은 흡사 이런 이야기와 같다. 한 사람이 독을 바른 화살에 맞아 부상을 당했다. 그 일가 친척과 친구들이 의사를 찾아갔다. 그때 병인이 '나를 쏜 놈이 군인 계급에 속하는지, 브라민인지, 농부인지, 천민인지를 알기 전에는 화살을 빼서는 안 된다. 그놈의 이름이 뭣인지를 알기 전에는 화살을 뺄 수 없다. 그놈의 살결이 검은지 흰지 누런지, 키가 크고 작은지, 마을에 사는지 읍내에 사는지 알기 전에는 화살을 뺄 수 없다.' 하고 말하는 거나 마찬가지다."

"이 사나이는 그것을 알기 전에 죽고 말 것이다."

"이와 마찬가지로 말룬캬푸타, 누구든지 이 문제를 설명하기 전에는 현자 밑에서 수행을 할 수 없다고 한다면 그 사람은 죽기 전에 진리를 알지 못할 것이다."

"말룬캬푸타, 종교의 생활은 세계가 영원이니 아니니 하는 독단론(獨斷論)과는 아무 관계가 없다. 그러한 독단론이야 있든 없든 내가 없앴으면 하는 이승의 여러 가지 고통—태생·노·사·애(哀)·비탄·불행·절망은 그대로 남을 것이니까………"

"그러니까 말룬캬푸타, 듣거라. 항상 내가 설명한 것과 함께 설명하지 않는 것 역시 명심해 두라. 그런데 내가 설명하지 않는 것이 뭣이냐? 내가 설명하지 않은 것은 세계가 영원하다느니 영원한 것이 아니라느니 하는 것이다. 그것은 종교의 정신과는 아무 관계도 없고, 초자연적 힘과 무한한 지혜와 그리고 니르바나와도 하등 관계가 없기 때문에 나는 아직 설명하지 않았다."

"그러면 말룬캬푸타, 내가 이때까지 설명한 것이 뭣이냐? 불행에 대해서 나는 설명했다. 불행의 근원에 대해서 나는 설명했다. 불행을 없애는 길을 가지고 설명했다. 그러면 왜 내가 이것을 설명했을까? 그것은 말룬캬푸타, 종교의 근본 진리와 지혜와 니르바나로 갈 수 있는 길에 관계되기 때문에 설명한 것이다. 그러니만큼 말룬캬푸타, 듣거라. 내가 설명하고 있지 않은 것을 항상 명심하여라."

(3) 진리와 獨斷

형이상학에 대해서, 붓다는 유해무익하고 수도(修道)에 도움이 될 수 없다는 견해를 갖고 있었다. 그 이유는 수타 니파타(Sutta-Nipata) 경에서 추려 낸 다음 대문에 뚜렷하다.

첫째, 모든 이론은 상대적이다. 하나를 옳다고 주장하면 그와 대립된 또 하나의 주장이 대응하는 법이다. 그래서 양자간의 시비는 끝이 없다. 뿐만 아니라 반감과 상호 부정이란 불미한 부작용이 일어난다. 그것은 진정한 정신의 극치에 도달하는 데 없어선 안될 겸허한 자기 탐구와 조화있는 해탈의 세계에 이바지할 수 없다.

모든 진리는 자비로운 마음의 평화 없이는 참된 진리가 될 수 없다.

문＝저마다 내가 옳다고
　　모두들 시비만 하는구나.
　　'이게 옳다, 굽히지 마라.'
　　'집어치워라, 너는 졌다.'

이렇게 그들은 싸우고 싸워,
서로들 '바보'니 '얼간이'라 하는데,
전부가 아는 체하는 바에야
그 누구의 말이 옳다는 건가?

답＝응, 서로 갈라져 욕하기를
  '바보'니 '얼간이'니 한다면,
  전부가 바보요, 얼간이다.
  너도 나도 주장이 있으니까.

  아니면, 각자의 신조가
  옳고 그릇됨이 없다면,
  '바보'란 있을 수 없다. 모두가
  같은 발판 위에 서 있기에.

  남을 가리켜 '바보'라는
  사람을 나는 옳다 할 수 없다.
  전부가 제 말만 '진리'라고
  생각하여 그리하는 것이라고 보니.

문＝한편에서 '진리'라 하면, 한쪽에선
  터무니없는 거짓말이라 하니

싸움이 일어난다.
묻노니, 수도자들이 왜
같은 가락으로 나올 수 없을까?

답＝시비를 막는 하나의 진리
(둘은 아니다)가 있는 법이다.
그러나 '진리'를 뽐내는 이들은
잡소리 시끄러운 수도자를
본떠서 떠드는 것이다.

문＝'진리'가 그렇게 갈려 있다고
말하는 '이인(異人)'이 웬일일까?
'진리'란 타고난 것일까, 아니면,
저마다 꾸며 낸 의견일까?

답＝의식(意識)이란 것을 젖혀 놓으면
하나 이상의 진리는 없는 법이다.
부질 없는 궤변이
이건 '옳고' 저건 '그르다'는 거야.

감각(感覺)의 증거와
보이는 것만 가지고 남을 가리켜,

비난을 일삼되 자기만 옳은 양,
상대방을 '불쌍한 바보'라 한다.
．．．．．．．．．．．．

자기의 주장만을 귀중하다고,
상대자를 보고서 순진성 없는
그릇된 것으로 나누어져 싸우는

이 모든 종파자(宗派者)
저마다 구원의 길을 내세우는
고집쟁이들, 자기만이 순수하다네
남을 '바보'라고 욕하면 할수록
같은 비난이 되돌아오는 줄
모르는 고집쟁이가 누구냐?

스스로 꾸며 낸 이론을
줄곧 고집하면서
죽을 때까지 떠드는 자들.
—독단의 논(論)일랑 하는 사람들끼리
서로 다투도록 내버려두라!

자기류(自己流)로 꾸며대는

독단의 변(辯)이
정화의 길로 나아갈 수 없다.
한갓 어처구니없는 집착에서
가는 길이 '광명'이요, 케케묵은
'정화'를 보았다 하네.

단순한 탐구만으로써
'브라민의 진리'를 찾지 못할 것이며,
분열 분자(分裂分子), 분파자(分派者) 할 것 없이
그 상스러운 이론으로
—배우려고 애쓰는 자가 있건만—
자기만 알지, 남은 모르는 체.

속세의 싸움에서 벗어나
파쟁(派爭)에서 멀리 초월하여
평화가 없는 데서 평화롭게
남들이 알려는 바로 그것에
초연한 현자는 관심이 없다.

나무둥치에서 썩은 가지가 떨어지면
새싹이 한 치도 자라지 않고,
탐욕과 독단이 가셔진다면

모든 이론도 가셔질 것이니

그제야 현자는 나아가리라,

불안 없는 마음에 맑은 새 길을.

(4) 佛弟子에 대한 훈계

붓다의 생존 당시부터 가끔 제자들 사이에 논쟁이 벌어졌다. 마하 바가(Maha-Vagga) 경에서 추려 낸 다음 대문을 통해서 이 불행한 경우에 붓다가 어떻게 해결을 지었는가를 엿볼 수 있다.

첫째로 그는 분열의 원인과 위기에 대하여 대략적인 경고를 한 다음, 자연히 불화(不和)의 끝맺음이 지어졌기를 바라는 마음에서 시비가 한창 벌어진 가운데서 자리를 떠나는 것이었다. 그러나 그 기대는 너무나 낙관적이었다는 것이 판명되었고, 오히려 논쟁이 심해져서 때로는 욕설과 주먹까지 튀어나오기가 일쑤였다. 디르가유 왕자의 이야기는 이 불행한 사실의 가장 극단적인 일례이다. 이 이야기를 통해서 엿볼 수 있는 붓다의 의도는 증오감의 근원을 유해무익한 불행만 초래한다는 점에서 명백히 했을 뿐 아니라, 나아가서 각기 파를 나누어 끝없이 싸우느니보다 자비로운 이해로써 끝을 맺는 것이 좋다는 것을 선명히 했다.

현자가 비익슈(bhikshu,原註=엉터리 수도승)들에게 다음과 같은 디르가유 왕자 이야기를 했다.

옛날 베나레스에 카쉬의 브라마다타라는 이름의 강성(强盛)한 왕이 살고 있었다. 왕은 코살라 왕인 디르게티에게 전쟁을 걸었다. 코살라 왕국이 약소해서 자기의 군대를 감당하지 못할 것으로 생각했다.

강성한 카쉬와 싸워서 이길 수 없음을 안 디르게티는 왕국을 브라마다타의 손에 넘겨주고 이곳 저곳을 돌아다니다가 베나레스까지 가서 시종과 함께 성 밖에 있는 옹기장이 집에 몸을 의지했다.

거기서 왕비가 디르가유라는 왕자를 낳았다.

디르가유가 성장함에 따라 왕은 마음속으로 생각했다. '브라마다타 왕은 우리에게 큰 해를 끼쳤다. 그러니 우리의 복수를 겁낼 것이다. 그래서 우리를 찾아내어 죽여 없애 버리려고 할 것이다. 우리가 발견되는 날, 그는 우리 세 사람을 죽이고 말 것이다.'라고.

그래서 왕은 왕자를 먼곳으로 보냈다. 디르가유는 부친 덕택에 좋은 교육을 받아, 모든 기예(技藝)를 열심히 공부하여 마침내 재주와 지혜가 빼어나게 되었다.

이때 디르게티 왕의 전 이발사가 베나레스에서 살다가 왕을 보고, 탐욕이 많은 사람인지라 브라마다타 왕에게 밀고했다.

카쉬의 왕 브라마다타가 코살라의 왕이 왕비와 함께
가장을 하고 옹기장이 집에서 평화롭게 살고 있다는 이
야기를 듣고 신하를 시켜 디르게티 왕과 그의 왕비를
잡아 죽이라고 분부했다. 분부를 받은 신하가 디르게티
왕을 체포하여 형장으로 끌고 갔다.

잡힌 왕이 베나레스 성으로 끌려가는 도중에 양친을
뵈려고 찾아온 왕자를 보았다. 그래서 왕자라는 것을
알지 못하게 그 앞에서 자기의 최후의 훈계를 남기고자
궁리 끝에 다음과 같이 말했다.

"오, 내 아들 디르가유야, 오래도, 잠깐도 보지 마라.
증오를 증오로써 해소시킬 수는 없다. 미움은 미움과
반대의 길을 밟아서만 풀어진다."

코살라 왕은 왕비와 함께 참혹하게 처형되었다. 그러
나 왕자 디르가유는 화주(火酒)를 사서 경비원을 취하
게 해놓고 밤이 되어 양친의 시체를 화장단(火葬壇)에
옮겨 극진하게 화장(火葬)을 지냈다.

브라마다타 왕은 이것을 알자 불안해졌다. 왕은 생각
했다. '디르게티 왕의 아들 디르가유는 좋은 기회가 닥
치는 대로 양친의 원수를 갚으려 할 것이다.'라고.

젊은 디르가유 왕자는 숲속으로 들어가서 마음이 후
련해질 때까지 실컷 울었다. 그러고 나서 눈물을 닦고

베나레스로 돌아왔다. 그때 왕의 코끼리를 기르는 마굿 간에 사람을 쓴다는 말을 듣고 코끼리 마굿간 책임자를 통해서 취직을 했다.

악기에 맞추어 아름다운 노래 소리가 밤의 어둠을 뚫고 왕의 마음을 기쁘게 했다. 신하를 시켜 누구냐고 알아보게 했더니, 마구간에서 일을 보는 젊은 사람으로서 재주가 많고 친구들 사이에서 사랑을 받고 있다는 것을 알게 되었다.

왕은 그 젊은 사나이를 불러오게 해서 본즉, 디르가유가 마음에 들기에 궁중에서 살게 하였다. 하는 일이 지혜롭고 민첩해서 왕은 겸손한 이 젊은이를 신임할 수 있는 자리에 앉혔다.

그러는 동안에 왕이 사냥을 나가면 왕은 모든 신하들로부터 멀어지고 이 청년만이 코끼리를 몰기가 일쑤였다. 그럴 때면 사냥으로 피곤해진 왕은 곧잘 젊은 디르가유의 품에 안겨 자곤 하였다.

그때 디르가유는 생각했다. '브라마다타 왕은 우리를 못살게 굴었다. 우리나라를 빼앗고 부모를 죽였다. 그 원수가 지금 내 손 안에 있다.' 이렇게 생각하면서 그는 칼을 뽑았다.

그때 디르가유는 부친의 마지막 말이 들려오는 것 같았다. '오래도, 잠깐도 보지 마라. 증오는 증오로써 가셔지지 않는다. 미움은 미움과 반대의 길을 밟아서야 풀어진다.' 이 말을 생각하고 그는 칼을 자루에 도로 집어넣었다.

잠이 든 왕이 놀라 깨어 일어났다. 그때 청년이 물었다.

"왕이시여, 어째서 놀라십니까?"

왕이 대답했다.

"젊은 디르가유가 덤벼들어 나를 죽이는 꿈을 노상 꾼다네. 네 무릎에 머리를 베고 자는데 또 그 꿈을 꾸었어. 그래서 이렇게 공포에 놀라 잠을 깬 것이라네."

그때 청년은 왼쪽 손으로 힘없는 왕의 머리를 잡고 오른쪽 손으로 칼을 뽑아 들고 말했다.

"내가 바로 디르게티 왕의 아들 디르가유다. 우리 아버지 나라를 빼앗고 양친을 죽인 그대에게 복수할 때가 왔다."

왕은 디르가유의 손에 자신의 목숨이 달린 것을 깨닫고는 두 손을 들고 애걸했다.

"내 목숨을 살려 주오. 사랑하는 디르가유, 목숨만 살려 주오!"

이때 디르가유는 부드러운 말로 아무런 감정도 없다는 듯 말했다.

"내가 어떻게 당신의 생명을 살릴 수 있겠소? 내가 도리어 당신의 위협 가운데 있소. 왕이시여, 도리어 당신이 나의 생명을 살려 주셔야겠습니다."

왕이 대답했다.

"사랑하는 디르가유, 네가 내 생명을 살려 준다면 나도 너의 생명을 살려 주겠다."

이렇게 해서 카쉬의 브라마다타 왕과 젊은 디르가유는 서로 손에 손을 잡고 해치지 않을 것을 약속했다. 대궐로 돌아오자 왕은 그대로 실행했다.

그래서 왕은 디르가유를 보고 말했다.

"그대의 부친이 죽을 때, '오래도 보지 말고 잠깐도 보지 마라. 증오는 증오로써 가셔지지 않고 미움도 그와 반대의 길로써만 가셔진다.'고 한 것은 무엇 때문인가?"

청년이 대답했다.

"부친이 하신 말씀에 '오래도 보지 마라.'는 것은 당신의 증오가 오래 가지 마라는 뜻이요, '잠깐도 보지 마라.'는 말은 성급하게 동지를 무찌르지 마라는 뜻이며, '증오는 증오로써 가셔지지 않고 미움은 그 반대의 길로써만 가셔진다.'는 말은 당신이 나의 양친을 죽였다고 해서 내가 당신의 생명을 빼앗는 날 당신의 일당이 나의 생명을 빼앗을 것이요, 또한 나의 부하들이 당신의 일당을 죽이고 말 것이니, 미움을 미움으로써는 없애 버릴 수 없다는 뜻이겠죠. 그런데 왕이 이미 나의 생명을 살려 주었으니 이것이 곧 미움은 미움과 반대되는 길로써만 가져진 것이 아니고 무엇이겠읍니까?”

　브라마다타 왕은 생각했다. ‘부친이 간단하게 한 말의 뜻을 이처럼 깊이 알아낼 수 있는 디르가유야말로 지혜로운 사람이라 하겠다!’ 그래서 왕은 그에게 부친의 왕국을 도로 내주고 자기 딸의 배필로 하여 사위로 삼았다.

　이야기를 마치고 현자가 말했다.

　“듣거라, 비익쿠(bhikkhu)들아, 칼과 왕권을 잡은 왕이 이렇게 인내와 관용의 미덕을 보여 주는 바, 하물며 수행의 계율을 좇아 광대무변한 종교의 세계를 맡아 보는 그대들이 그 이상의 인내심과 관용의 미덕을 가져야 할 것이 아닌가?”

　“이만하면 되었다. 오, 비익쿠들아, 이이상 시비와 논쟁과 분열과 싸움을 하지 마라!”

(5) 芥子씨의 寓話

　독자 여러분은 이 우화가 짤막하다고 해서 심오한 정신적 의미 내용을 간과해서는 안 된다. 불교의 두 가지 중요한 진리가 이 속에 들어 있다. 1부(一部)에 수록된 다른 자료에 비하여 그 출처가 그다지 오랜 것 같지 않으나 붓다의 가르침이 잘 반영된 것임은 의심할 여지가 없다.

첫째로는 퍽 간결하게 되어 있다는 점이다. 모든 현상의 존재 세계는 변화하며 길지 않다. 일체는 없어지고 만다. 태어나는 것은 죽어야 한다. 모든 생자(生者)는 다른 것과 마찬가지로 여러 가지 요소의 혼합체이다. 그래서 조만간 해체되고 만다. 그러니만큼 사멸을 진리로서 받아들이는 것이 진정 현실에 적응하는 요결(要訣)이다.

그러나 우리는 제2의 교훈에 유의하지 않을 수 없다. 붓다의 체험과 교훈을 통해서 이 이야기는 사멸을 받아들이는 현명한 태도와 이 숙명을 모두가 짊어지고, 타고난 일체 중생에 대해서 한결같은 자비심으로 나아가야 한다는 두 가지 길을 연결하는 의미에서 귀중한 것이다.

인간이 자기만의 비애에 침잠하여 사랑하는 사람의 죽음을 슬퍼하는 한 외로운 고독의 애통에서 벗어날 수 없다. 물론 시간이 흐름에 따라서 애통이 점차 가셔지기는 하지만 그것은 현실에 능동적으로 적응한 것이 아니라, 고통이 마비된 소치이다. 그러나 만약 그러한 비통에 빠진 사람들을 위하여 스스로 같은 비통을 나누고자 하는 마음이 있다면 중생을 다같이 사랑하는 자비심에서 자기의 슬픔의 고통까지 잊게 된다. 이러한 일체

관(一切觀)에서만 비통을 넘어선 마음의 평화와 기쁨을 느낄 수 있다. 어리석게 비통의 원인을 없앤다든가 일부러 마음의 고통을 잊어버리려는 대신, 마음에 대한 깊고도 흡족한 자비심으로 악의 근원을 극복하여 선으로 나아가기 때문이다.

키사 고타미의 양능(良能)을 안 붓다는, 이 여인이 깊은 애통에 빠진 기회를 이용해서 남의 비애를 측은하게 생각하는 선천적이며 아름다운 깨달음의 세계로 인도하였던 것이다(原註=E.W. Burlingame ≪Buddhist Parables≫ p. 92-94).

고타미(Gotami)는 그 여자의 집안에서 내려온 이름이다. 곧잘 피로했기 때문에 키사 고타미, 다시 말해서 프라일 고타미라고 했다. 여인은 사바티라는 곳에 있는 극빈한 집에서 다시 태어났고, 자라서 결혼하여 남편이 사는 시가에서 살게 되었다. 그러나 가난한 집 딸이라고 해서 집안에서는 사람 대접을 하지 않다가 그 후 아들을 낳자 비로소 대우가 좋아졌다.

아들이 밖에 나가서 뛰어놀 만한 나이가 되었을 때 아들이 죽었다. 슬픔이 가슴에서 솟구쳐올랐다. 여인은 생각했다. '아들을 낳자, 집안에서 나를 대하는 태도가 나아졌다. 자식이 죽으니까 식구들이 주워다 내버리려고까지 한다. 이래서는 안 되겠으니 가가호호를 찾아다니며 내 아들을 살릴 약을 주시오, 하고 애걸할 수밖에 없다.'

이때 어떤 어진 사람이 여인을 보고 생각했다. '저 여자가 자식 때문에 비통에 빠졌구나. 저런 여자를 위한 약이 있다면, 나만 아는 열 가지 기적을 보여 주는 선생님한테 가서 부탁할 길밖에 없다.' 그래서 여자를 보고 말했다.

"부인, 당신 아들의 약을 얻으려면—아무도 모르지만—세상에 하나밖에 없는 전지전능하신 '선생님'이 계시는 이웃 수도원에 가서 그 앞에서 애걸해 보시오."

여자는 이 사람의 말이 옳다고 생각했다. 그래서 마침 타다가타가 붓다의 자리에 앉았을 때 자식을 등에 업고 신도들 가운데로 들어섰다. 그리고는 말했다.

"거룩한 임이시여, 자식의 약을 주옵소서!"

선생은 여자가 능히 깨우침을 얻을 수 있음을 알고 말했다.

"고타미! 약을 구하러 여기까지 잘 왔군. 성 안으로 들어가라. 그래서 이 집 저 집을 샅샅이 돌아다니며 초상난 집에서 작은 개자씨를 가져오너라."

"좋습니다, 선생님."

여자는 말했다. 그리하여 마음으로 기뻐하며 성 안으

로 들어가서 우선 첫번째 집을 찾아 개자씨를 달라고 했다. 개자씨를 받으며 여자는 이 집에 죽은 사람이 없느냐고 물었다. 없다고 대답하는 말을 듣고 죽은 사람이 없는 집 개자씨는 가져가지 않겠다고 말했다.

"무슨 소리요, 고타미! 죽은 사람의 수효를 헤아릴 수는 없어!"

이렇게 해서 여인은 이 집 저 집을 돌아다녔다. 그러는 동안에 여인은 생각했다.

'성안 전체가 모두 이렇구나! 이것이 인류의 행복을 위하여 자비로우신 붓다께서 목격하신 거로구나!' 감격에 못 이겨 여인은 성 밖으로 나와 자식을 업고 화장터로 가서 그 팔을 잡고 말했다.

"사랑하는 자식아, 나는 이때까지 너만이 죽음을 당하는 줄 알았다. 그러나 죽는 것은 너뿐이 아니다. 이것이 인간의 공통된 법칙이다."

이렇게 말하면서 여인은 자식을 화장터에 집어넣었다. 그리고는 다음과 같은 노래를 불렀다.

동네의 법, 장터의 법,
집집마다 있는 법도 이렇게는 안 된다.
모든 세계와 세계의 신 가운데
이것만이 유일한 법이다.

일체는 무상하다는.

이렇게 말하고 나서 여인은 선생 앞으로 나아갔다. 그러자 선생이 여인에게 말했다.
"고타미, 작은 개자씨를 가져왔느냐?"
"선생님, 개자씨는 안 가져오기로 했습니다. 저는 안식처를 얻었습니다!"
그러자 선생님은 여인을 위하여 다음과 같은 노래를 불러 주었다.

자식과 가축을 사랑하는 이,
거기에만 마음이 쏠리는 이는,
죽음의 마음을 잡아가노니
잠자는 마을에 홍수 덮치듯……

인생이 백 년을 산다고 하자.
죽음의 세계를 보지 않고,
하루를 사는 것이 나을 것이다.
영생의 세계를 구경하면서……

(6) 사랑과 선의

맹목적 탐욕과 번뇌를 극복한 해탈의 요점은 해방된 세계에 있다. 그리고 그것은 사랑에서 온다. 붓다의 사랑은 중생에 대한 한결같은 자비심이다. 그것은 사람의 정신적 수양이 나아짐에 따라서, 계단을 밟아 점차로 이상적인 높이로 올라가는 체험과 발전의 동적(動的)인 관념이기도 하다.

수타 니파타 경(經)에서 추려 낸 다음의 대문은 천상천하의 축복을 노래한 사랑의 송가(頌歌)로서 기독교의 성서로 치자면 고린도 전서 13장과 맞서는 것이다.

중생이여, 행복과 평화
가운데 번성하라.
모든 중생이 강약을 가리지 않고
모든 중생이 대소를 가리지 않고,
모든 중생이 보이든 안 보이든
가까이 살든 먼 데 있든,
태어났건 태어나려 하건
평화롭게 축복 있기를!

모든 겨레에 대해서

아무도 매질하며 욕하지 마라.
악의와 미움으로 남들을
해치지 마라.
마치 자기 목숨과 같이
단 하나 자식을 보호하여
다치지 않게 하는 어머니처럼……
일체 중생을 사랑하는 마음이
그대의 마음이 되라.

일체를 포옹한 사랑이
모든 우주의
높이와 깊이로 말미암아,
혹은 넓이로 인하여
맑고 맑은 사랑의 힘이
증오의 방해를 받지 않고
원수의 감정을 부르지 마라.

그래, 그대 서 있든 걷든,
앉아 있든 누워 있든,
일편단심 이것을 생각하라.
이것이 곧 '붓다의 세계'라는 것을.

(7) 붓다 최후의 敎示

　구전(口傳)으로 내려오던 것이 성문화(成文化)되기 시작하자, 붓다가 돌아간 직전의 몇 주일 동안에 남긴 행적과 말에 관하여 방대한 자료가 쏟아져 나왔다. 그 모든 것은 십중팔구 서로 일관된 조화를 보여 주고 있기 때문에 그 어느 것이 붓다가 최후에 남긴 교시(敎示)인지를 분간하기는 어렵다. 필자의 판단으로서는 마아파리니바나(Mahaparinibbana) 경의 몇 부분이 가장 권위있다고 생각하여 다음에 소개한다.

　부처님께서 암바팔리의 숲속을 마음껏 소요하던 끝에 바이샬리 근처에 있는 벨루바에 이르렀다. 거기서 겨레를 보고 다음과 같이 말했다.

　"오, 수도승들 듣거라. 비가 내리는 계절이 오거든 바이샬리 변두리에 거처를 정하되 벗이나 동지들 가까이 장소를 택하라. 그때가 오면 나도 이 벨루바로 옮기겠노라."

　부처님께서는 이렇게 해서 비 내리는 계절이 되어 그곳을 들어서니 매우 고통스러워 죽을 것만 같았다. 그러나 현자는 조용히 아무 불평 없이 참기로 했다.

　그때 다음과 같은 생각이 현자의 머릿속에 떠올랐다. '제자들에게 고별 인사도 없이 아무 말도 남기지 않고 저승으로 가는 것은 옳지 못하다. 이제 의지를 굳게 하고 다시 병세(病勢)를 휘어잡아 약속한 시기가 올 때까지 수명을 유지해야겠다.'

그리하여 부처님께서는 굳은 의지로 병세를 휘어잡고 약속한 시기까지 수명을 끌고 나가셨다. 그러자 병세가 훨씬 좋아지는 것 같았다.

이렇게 해서 부처님의 건강이 회복되기 시작했고, 완전히 병이 쾌유된 뒤에 절을 나와 하늘 아래 마련된 자리에 앉으셨다. 그러자 아난다가 여러 제자를 인솔하고서 부처님 가까이 와 절을 하고, 조심스럽게 그 곁에 자리를 잡고 말했다.

"임이여, 보시라, 부처님께서 이렇게 건강을 회복하신 것을! 나는 부처님께서 이때까지 얼마나 고생하셨는가를 보았습니다, 그것을 보고 있던 나의 몸은 풀잎처럼 힘이 없어지고 시력조차 희미해졌으나, 부처님께서는 제자를 감동시킬 만한 훈계를 남기시기 전에는 이승을 떠나시지 않을 것이라 생각하니 약간 안심이 되었습니다."

그리하여 부처님께서 제자들을 위하여 아난다에게 말했다.

"아난다야, 제자들이 나에게 무엇을 바라는가? 내 설법에는 소수만을 위한 것도, 다수만을 상대한 것도 없

다. 아난다야, 진리에는 교사의 주먹처럼 혼자 차지하
라는 법이 없다.”

 “그렇다. 아난다야, 여기서 누구든지 다음과 같은 신
념을 가진다고 하자. ‘중생을 인도하는 자는 나다.’라든
가, ‘제자들은 나를 따른다.’는 생각을 가진 사람이야말
로 제자들에 대해서 훈계를 할 사람이라고 본다. 아난다
야, 이제 타다가타(완전한 존재 혹은 여래[如來], 다시
말해서 붓다 자신)는 그렇게 생각할 수 없게 되었다.”

 그러면 왜 타다가타가 제자에 대해서 훈계를 미루어
야만 되었나?

 “나는 이제 늙었다. 오, 아난다야. 그리고 나이가 많
다. 나의 인생의 길도 종말에 가까워졌다. 내 수명도 다
된 모양이다. 내 나이는 이미 80에 들어섰다.”

 낡은 거마(車馬)가 간신히 굴러가는 것처럼 타나가타
의 육체도 전에 없이 애를 쓰지 않고서는 말을 듣지 않
게 되었다.

 “아난다야, 듣거라. 밖에 나타난 사물에 관심이 없어
진 타다가타는 육체와 관계없는 사색의 세계에만 몰두
하여, 그것만이 육체의 평온을 유지할 수 있는 데까지
왔다.”

 “그러니만큼 오, 아난다야! 그대 자신이 그대의 등불
이 되라. 그대만을 의지하되 외부의 힘에 의지 마라.”

"등불 같은 유일한 진리만을 굳건히 잡고 놓치지 마라. 이 진리 속에서만 제도의 길을 찾아라. 그대 이외의 누구에게도 힘을 구하지 마라."

"그리고 듣거라. 아난다야, 그대의 형제로 하여금 그 자신이 불빛이 되게 하라. 본인의 힘만을 믿되 남을 의지하지 말게 하라. 등불 같은 진리만을 굳건히 간직하여 진리에서만 제도의 길을 찾게 하라. 그리하여 자기 이외에서 힘을 구하는 일이 없도록 하라."

"오, 아난다여! 이렇게 함으로써만 그대의 형제로 하여금 육체 가운데 사는 동안은 조심하고 경계해서 육체의 탐욕에서 일어나는 고통을 극복하게 하라."

"관능에서 벗어나지 못하는 동안은 조심하고 경계해서, 관능에서 일어나는 고통을 이승에 있는 한 극복하게 하여라."

"동시에 사색과 이성과 감정이 있는 동안은, 이승에 있는 한 조심하고 경계해서 사람이나 이성이나 감정에서 일어나는 탐욕의 결과인 고통을 극복하게 하여라."

"지금이나, 내가 죽은 뒤나 자기만을 믿되 외부의 힘을 의지하지 않고, 등불 같은 진리를 따라 진리에서만 제도의 길을 찾되, 자기 이외에 힘을 구하지 않는 자가 나의 비익슈 중에 있다면 아난다여, 그들이야말로 지고(至高)의 경지에 도달할 수 있을 것이다! 그러나 그들은 배우기를 애쓰지 않으면 안 된다."

"나의 나이는 찼고 나의 인생은 종말에 다가왔다. 나는 그대를 두고 간다. 나는 떠난다. 나만을 의지하여라!

그러면 성실하라. 거룩한 사념에 충만한 겨레들이여! 성실하라. 오, 거룩한 사념에 충만한 겨레들이여! 결심한 것을 꾸준히 지켜라! 그대들의 마음을 항상 경계하라!

굽히지 않고 자기의 진리와 율법을 굳건히 하여 놓치지 않는 자는 인생이 바다를 건널 수 있을 것이며, 모든 고통의 피안(彼岸)으로 나아갈 수 있을 것이다."

2　니르바나(nirvāna)에의 길

서　론

　이상 소개한 진리를 해득한 사람일지라도 가우타마가 일찍이 제자에게 남긴 정신 골자, 다시 말해서 인도의 종교계에 박력있고 광범위한 영향을 끼친 힘찬 불교의 정신을 십분 파악했다고 볼 수는 없다. 어떤 위대한 종교이든간에 그 정신 골자를 이해하지 않고서는 그것을 안다고 할 수 없다. 그 요점이 무엇이며, 근본 사상이 어떻게 연관되어 있는가를 파악한 다음이라야, 붓다를 좇아 속세의 번거로움을 버리고 니르바나의 안심입명(安心立命)을 얻기 위하여 무의무탁(無依無托)의 탐구의 도정에 나선 불제자들의 뜻을 이해할 수 있을것이다. 이에 착안하여, 가우타마 초기의 불제자의 열성적인 승가와, 교의의 골자를 전해 주는 기록을 찾아 불교를 일상생활에서 실천하고자 하는 사람들의 손쉬운 지침이 되었으면 한다.

　다행히 초기의 불경은 이 요청에 십분 해답을 줄 수

있는 성질의 것이다. 그 중에는 남녀 불제자가 니르바나에의 길을 닦기 위하여 감사 축도(祝禱)하는 초기 불도의 송가가 있고, 다암마파다(dhammapada, 진리에의 길) 경(經)도 있다. 붓다의 교의 중에서 이처럼 스승을 열성적으로 따르는 제자들의 정력적인 구도의 자취를 박력에 찬 넓은 종교적 시야에까지 이끌어 가는 불교의 요결(要訣)은 달리 볼 수 없다. 독자는 그 왕성한 정신을—자기 극복과 태만한 안일에 대한 철저한 반성, 그리고 궁극의 목표를 방해하는 일체의 잡념을 거부하려는 단호한 결의 — 좋아, 흔연히 수행의 길을 밟는 의욕적인 정진을 잘 이해할 수 있다고 생각한다. 먼저 다암마파다 경부터 알아보기로 하자.

(1) 진리에의 길

이 놀라운 경문(經文)이 언제 씌어졌는지는 알려지지 않았다. 이것은 수타 피타카(Sutta Pitaka)의 일부이다. 붓다가 남긴 말을 추려 모아서 수록했다고 볼 수 있는 이 경문은 초기 불교의 진언(眞言)을 가장 손쉽게 알 수 있도록 편자가 적당히 중간 제목을 붙여 놓았다. 기원전 2백5십년 아소카 왕 시대에 이미 있었다고 보아야 할 이 책은 불교의 여러 교파에게 환영을 받았다. 같은 말을 되풀이하여 이처럼 강력한 효과를 내고 있다는 점에서 전편을 일관하는 구도의 정열은 고금독보(古今獨步)의 것이다. 중국의 철학가 임어당(林語堂)은 이것을 가리켜 '위대한 정신의 증인이며, 순수한 구도의 정열과 탁월한 문학적 수법을 겸한 세계 종교 경전 중의 일대 걸작'이라 했다(原註=≪The Wisdom of China and India≫ p.326).

여기에 수록한 것은 원전(原典)의 약 반밖에 안 된다. 막스 뮐러(Max Müller)의 역을 토대로 독자의 편의를 위하여 약간의 수정을 가했다.

그러면 전체 요점을 다음에 소개함으로써 독자의 이해를 도모하고자 한다.

그대에게 거룩하고도 기꺼운 소식을 가져왔다. 무상한 이승의 갖은 고통에서부터 참된 행복으로 나아가는 길이 있다. 그 길은 어렵고 손쉽게 갈 수 있는 아무런 기적도 없다. 그것은 항상 꾸준히 스스로 반성하는 길이다. 그것이 현재 그대가 어리석게 가상(嘉尙)하다고 생각되는 일체를―현재의 그대 자신과 그 속에 숨어 있는 모든 우매한 탐욕과 맹목적 욕망을 부정하는 길이다. 신도 인간도 그대를 대신해서 이 길을 닦아 줄 순 없다. 그것은 그대 자신이 걸어야 한다. 그러므로 듣거라. 정신을 차려라. 항상 정신 차려라. 전력을 기울여

꾸준히 전진하라. 어떠한 유혹에도 넘어가지 마라.─
자만도, 그릇된 자학도, 공허한 형이상학적 호기심도,
구도 이전의 사람을 벗으로 하고 싶은 충동도 그대로
하여금 이 길에서 벗어나지 않도록 하라. 이 목표를 향
해서는 타협이란 있을 수 없다. 그리고 자기를 이겨라.
모든 승리 중에서 으뜸가는 승리가, 이승과 저승의 열
쇠가 거기에 있다.

① 双 詩 : 현재의 일체는 생각한 것의 결과이다. 그
것은 마음에 달렸다. 그것은 생각 여하에 달린 것이다.
나쁜 생각으로 말하고 행하면, 바퀴가 수레를 끄는 소의
발자국을 따르듯 고통이 뒤따른다. 현재의 모든 것은 생
각한 것의 결과이다. 그것은 마음에 달렸다. 그것은 생
각 여하에 달린 것이다. 맑은 마음으로 말하고 행하면
언제나 떠나지 않는 그림자 모양 행복이 뒤따른다.
 '그놈이 욕을 했다. 그놈이 때렸다. 그놈에게 졌다.
그놈이 빼앗아갔다.' 이런 생각을 갖고 있는 자는 미움
이 가셔지지 않는다.
 '그놈이 욕했다. 그놈이 때렸다. 그놈에게 졌다. 그놈
이 빼앗아갔다.' 이런 생각을 갖지 않는 자는 미움도 없
어진다.
 '언제나 미움으로써 미움이 가셔지지 않는다. 미움은

사랑으로써 없어진다.' 이것이 영원한 계율이다. 세상은 곧 종말이 와야 한다는 것을 알지 못한다. 그러나 그것을 알면 곧 싸움이 없어진다. 다만 쾌락만을 찾고 관능을 제어하지 못하고, 탐식(貪食)하여 허약해지면, 잔약한 나무가 바람에 쓰러지듯 마라(原註=유혹자)가 그대를 뒤집어 버릴 것이다.

쾌락을 구하지 않고 관능을 제어하고 먹는 것을 간소하게 하는 동시에 강하면, 바람이 바위산을 무너뜨리지 못하는 것처럼 마라도 그대를 뒤집을 수 없다.

죄를 씻지 않고 노란 옷(原註=승의〔僧衣〕)을 얻고자 하는 자, 금욕과 진리를 돌보지 않는 자는 노란 옷을 입을 자격이 없다. 그러나 죄를 씻고 모든 덕을 쌓아서 금욕과 진리를 캔 사람이면 노란 옷을 입어도 좋다.

진리가 아닌 데서 진리를 찾고, 진리에서 진리 아닌 것을 찾는 자는 진리에 이르지 못하고 허황된 욕망에 따를 뿐이다.

진리에서 진리를 찾고 진리 아닌 것을 진리 아닌 것으로 보는 자는 진리에 도달하는 옳은 의욕에 따를 것이다.

비가 허술한 집의 지붕에 스며들듯이 욕망은 반성 없는 마음을 뚫고 들어간다.

지붕이 튼튼한 집에 비가 스며들지 않는 것과 마찬가

지로 욕망은 반성하는 마음을 뚫고 들어가지 못한다.

악행자(惡行者)는 이승에서 울고 저승에서도 운다. 저지른 행동의 악과(惡果)를 보고 울고, 고통에 아파하는 것이다.

후덕한 사람은 이승에서 웃고 저승에서도 웃는다. 자기의 순수한 행실을 생각할 때 자꾸 기뻐지는 것이다.

악행자는 이승에서 울고 저승에서도 운다. 자기의 악을 생각하면 아프고 아프면 아플수록 악의 길을 걷는다.

후덕한 사람은 이승에서 복되고 저승에서도 복되다. 자기의 선행(善行)을 생각하면 행복이요, 선의 길로 나아가면 더 행복해진다.

지각 없는 자는 율법을 많이 욀 수는 있으나, 실행하지 못하면 종교의 세계에 들어올 수 없다. 그것은 남의 소를 헤이기만 하는 목동과 같다.

율법을 지키는 자는 율법을 거의 외지 못해도 욕망과 증오와 우매함을 버리고 참된 지식과 마음의 조요(照耀)를 얻을 수 있다. 이승과 저승에서 일체에 집착하지 않는 그는 참된 종교의 세계에 들어갈 수 있다.

② **성 실** : 성실은 니르바나에의 길이다. 불성실은 죽음에의 길이다. 성실한 자는 영생할 것이며 불성실한 자는 이미 죽은 것이나 마찬가지이다.

이것을 잘 깨닫고 나면 성실하게 발전하면서 성실 가운데 기쁨을 느낄 것이다. 그래서 선각자의 지혜를 찬양한다.

지혜롭고 사색적이며 꾸준히 힘을 다하는 자는 행복의 상상봉인 니르바나에 이를 수 있다.

성실한 자가 용기를 내어 저버리지 않고, 행실이 순수하고 행동이 신중하며, 자기를 극복하여 율법에 어긋남이 없으면, 비로소 영광이 더해진다.

성실과 자제와 규율로써 분발하면 지혜로운 자는 홍수가 나도 끄떡없이 성을 쌓을 수 있다.

어리석은 자는 허영을 좇는다. 지혜로운 자는 성실을 값진 보석처럼 생각한다.

허영을 좇지 말고 쾌락과 관능의 낙을 탐하지 마라! 성실하고 생각이 깊은 자는 많은 기쁨이 있다.

깨달음을 얻은 자가 성실로써 허영을 쫓아내며 지혜로운 그 사람은 지혜의 높이로 올라가서 우자(愚者)를 내려다본다. 산이 평지를 내려다보듯 근심없는 마음에서 근심 많은 뭇사람을 내려다본다.

불성실한 사람 가운데 성실하며 잠자는 자 가운데 눈을 뜨고서, 지혜로운 자는 달리는 말처럼 다른 말을 뒤로 젖히고 앞으로 나아간다.

성실로써 마가반(Maghavan)은 성불(成佛)하였다.

사람은 성실을 가상타 하고 불성실을 항상 비난한다.

성실에서 기쁨을 얻고 불성실을 두려워하는 비익슈는 모든 쇠사슬을 태워버리는 불꽃처럼 나아간다.

성실에서 기쁨을 얻고 불성실을 두려워하는 비익슈는 완전한 세계에서 떨어질 염려가 없다. 그는 니르바나에 접근한 것이다.

③ 마 음 : 활장이가 활을 고치듯이, 지혜로운 자는 지키기 어렵고 세우기 어려운 동요무상(動搖無常)한 마음을 곧게 잡는다.

고기가 물 속의 집을 나와 마른 육지에 오르는 것과 마찬가지로 사람의 마음도 유혹하는 마라의 세계에서 벗어나려고 몸부림친다.

잡기가 어렵고 움직이는 곳마다 날뛰기가 일쑤인 마음을 길들이는 것은 좋다. 길들인 마음은 행복을 가져 온다.

알 수 없고 미묘하여 가는 곳마다 달아나는 마음에 파수병을 세워라. 마음을 잘 지키면 복이 온다.

멀리 달아나고 혼자 돌아다니며, 무상(無常)하여 가슴 깊이 숨은 마음의 밧줄을 잡는 자는 유혹의 마라가 쳐놓은 사슬에서 벗어날 수 있다.

믿음이 확실치 못하고, 참된 법을 알지 못하고, 마음

에 평화가 없는 자는 완전한 지식을 가질 수 없다.

사람의 마음이 흩어지지 않고 정신이 동요되지 않으며 선과 악에 대한 생각을 잊게 되면 조심하는 동안 두려움이 없다.

육체는 항아리처럼 부서지기 쉽고 정신은 산성처럼 견고하다는 것을 지식의 무기로 삼아 유혹의 마라를 쳐야 하고 그것을 정복한 뒤에도 안심하지 말아야 한다.

머지 않아, 슬프도다! 이 몸은 땅에 드러누워 주인 없는 개처럼 멸시받고 아무도 돌보지 않게 된다.

미운 자끼리 미워하고 원수끼리 원수가 되는 한, 그릇된 정신이 크나큰 불행을 저지른다.

어머니나 아버지도, 어떤 일가도, 올바른 정신만큼 크나큰 힘은 되지 못할 것이다.

⑤ 바 보 : 잠 깬 자에게 밤은 길고, 피로한 자에게 십 리 길이 멀고, 참된 법을 모르는 바보에게 인생은 길다.

나그네가 길에서 자기보다 낫거나 또한 자기와 같은 길동무를 만나지 못하거든 혼자 길을 택하라. 바보와 동반자가 될 수는 없다.

'아들도 내것이요, 재산도 내것이다.' 이런 생각으로 바보는 고민한다. 자기가 제것이 아니니 자식과 재산이 무슨 소용이 있으랴?

자기의 어리석음을 아는 자는 그래도 현명하다. 그러나 바보는 스스로 지혜롭다고 생각하니 그것을 가리켜 바보라 한다.

바보는 지혜로운 사람과 평생토록 같이 있어도 숟가락이 국맛을 알지 못하는 것처럼 진리를 깨닫지 못한다.

현명한 사람은 지혜로운 사람과 잠시를 사귀어도 혀〔舌〕가 국맛을 알 수 있는 것처럼 진리를 깨달을 수 있다.

깨달음이 느린 자는 스스로 큰 원수가 된다. 악행이 쓴 열매를 가져오는 것처럼.

잘못된 행동에 후회하지 않을 수 없고, 그 때문에 울부짖고 얼굴에 눈물이 흐른다.

아니다. 선행을 하면 후회할 필요가 없고 거기서 기쁘고 복된 응보(應報)가 온다.

악행에서 열매가 맺지 않는 한, 바보는 그것을 꿀처럼 생각한다. 그러나 익게 되면 바보는 아픔을 갖게 된다.

⑥ 지혜로운 사람 : 어떤 사람이 있어 무엇을 피해야 하는 것을 깨우쳐 주며, 감정을 억누르며, 현명하거든 숨어 있는 보배를 찾아내는 사람처럼 그 뒤를 따르라. 그렇게 하면 나쁜 일보다 좋은 일이 더 많을 것이다.

그이로 하여금 꾸짖고 가르치고 당치않는 일을 금하

게 하라! 그는 선한 자의 사랑을 받을 것이요, 악한 자의 미움을 받을 것이다.

악을 행하는 자를 친구로 삼지 마라. 욕된 자를 친구로 삼지 마라. 덕 있는 자를 친구로 하되 가장 훌륭한 자를 친구로 하라.

법에 의하여 사는 자는 마음이 고요한 가운데 복되게 살 수 있다. 선각자의 설법대로, 지혜로운 사람은 항상 법에 따라서 기뻐한다.

샘을 파는 사람이 뜻대로 물을 돌리듯, 활장이가 활을 만들듯 지혜로운 자는 자기 자신을 만든다.

단단한 바위가 바람에 흔들리지 않는 것과 같이, 지혜로운 사람은 비난과 칭찬의 한가운데서도 동요하지 않는다.

지혜로운 사람은 율법을 들은 다음엔, 마치 잔잔한 호수처럼 깊고 매끄럽고도 조용하다.

착한 사람은 어떤 경우라도 조심스럽게 걷는다. 착한 사람은 슬픈 것, 기쁜 것, 관능의 만족에 대해서 말하지 않는다. 지혜로운 사람은 좋고 나쁜 감정을 밖으로 나타내지 않는다.

자기를 위해서든 남을 위해서든, 사람이 지식과 재물과 권세를 위하지 않고 부정한 방법으로 자기의 성공을 바라지 않는다면, 비로소 그 사람은 착하고 지혜로우며

어질다 할 수 있다.

사람 가운데 피안(原州=니르바나)에 이른 자는 거의 없고 중생은 이쪽 물가에서 오르내리기만 한다.

그러나 법률을 잘 배운 사람은 그것을 따라 아무리 건너기 어려운 죽음의 나라일지라도 넘어갈 수 있다.

지혜로운 사람은 어두운 속인(俗人)의 세계를 버리고 맑은 비익슈의 세계를 따라 간다. 집을 나와 집 없는 경지에서, 속세를 떠나 낙이 있을 수 없는 데서 낙을 구한다. 모든 쾌락을 물리치고, 아무것도 탐내지 않고 지혜로운 사람은 마음의 악을 쫓아낸다.

마음에 일곱 가지 지식의 요결을 배우고, 집착도 없이 자유로운 마음에서 즐길 수 있고, 탐욕을 극복하고, 광채가 찬란할 때 비로소 그 사람은 이승에서 니르바나를 갖게 된다.

⑧ 천만 번 : 천만 가지 말을 해도 내용이 없으면 뜻 깊은 한 마디만 못하다. 그 말을 들으면 조용해진다.

천만 가락의 노래를 불러도 내용이 없으면 한 가락만 같지 못하다. 사람이 그 노래를 들으면 조용해진다.

사람이 천만 번 싸워도 천만 명을 정복했다 해도 자기 자신을 이기지 못한다면 그는 위대한 승리자가 못 된다.

자기 자신을 정복하는 것이 남을 정복하는 것보다 낫다. 스스로 자기를 정복한 자의 승리는 신이라도 물리칠 수 없다.

⑨ 악 : 선을 급히 서두르기만 하고 태만한 자는 악의 유혹을 받는다.

죄를 범하거든 다시는 범하지 않게 하여라. 죄를 짓고서 기뻐하는 일이 없도록 하여라. 악이 쌓여지면 고통이 온다.

선을 쌓도록 하라. 선을 행하고 또 행하게 하라. 선을 행함으로써 기쁨을 갖게 하라. 선이 쌓여지면 기쁨이 온다.

악행자(惡行者)일지라도 악행이 익기 전에는 행복하다. 그러나 악행이 익고 나면 악행자는 비로소 악을 깨닫는다.

선행자일지라도 선행이 익기 전에는 불행한 날을 보내야 한다. 그러나 선행이 익고 나면 선행자는 비로소 좋은 날을 깨닫게 된다.

'나에게 범접하지 않을 것이다.' 이렇게 마음속으로 악을 소홀히 생각하지 마라. 떨어지는 물방울이 독을 채운다. 비록 조금씩 모인다 해도 바보에게는 악이 충만하고 만다.

'나에겐 얻어 걸리지 않을 것이다.' 이렇게 마음속으로 선을 소홀히 하지 마라. 떨어지는 물방울이 독을 채운다. 지혜로운 사람은 비록 조금씩 모인다고 해도 선에 충만할 때가 온다.

재물은 많고 사람은 적을 때, 상인이 위험한 길을 피하는 것처럼 악행을 피하라. 생명을 아끼는 자가 독을 피하듯이…….

손에 상처가 없는 사람은 독에 닿아도 해가 없다. 악을 범하지 않는 자에겐 악이 닥쳐와도 해가 없다.

다시 태어나는 자가 있으면, 악행자는 지옥으로 떨어지고 올바른 자는 극락에 가나 이승의 모든 욕망을 벗어난 자는 니르바나에 들어간다.

하늘도, 바다 한가운데에도, 산중 굴 속에 들어가도……. 사람이 악행을 두려워하지 않아도 좋은 곳은 세상에 없다.

하늘에도 바다 한가운데에도 산중 굴 속에 들어가도, 인생이 죽지 않아도 좋은 곳은 세상에 없다.

⑩ 벌 : 인간은 모두 벌을 겁낸다. 죽음을 두려워한다. 그대는 그런 인간이 되지 마라. 살생(殺生)을 하지 마라.

인간은 모두 벌을 겁낸다. 생명을 아낀다. 그대는 그

런 인간이 되지 마라. 살생을 하지 마라.

자기 자신의 행복은 찾으면서 행복을 찾는 자를 벌주면 죽어서 행복이 없다.

자기 자신의 행복은 찾으면서 행복을 찾는 자에게 벌을 주면 죽어서 행복이 없다.

남에게 모진 소리를 마라. 그 말을 들은 자도 같은 말로 대항할 것이다. 성난 말은 고통이다. 주먹에 대한 주먹은 그대를 해칠 것이다.

깨어진 징처럼, 아무 말이 없으면 비로소 니르바나에 들어갈 수 있다. 노염을 잊을 수 있다.

목동이 막대기로 소를 외양간에 몰아넣듯이 나이와 죽음이 인간의 생명을 몰아간다.

바보는 악행을 범해도 무엇이 기다리고 있는가를 알지 못한다. 그러나 간악한 자는 불에 타 죽듯이 악행으로써 스스로를 태워 버린다.

⑫ 자 아 : 먼저 온당하다고 생각하는 바를 자기에게 율(律)하라. 그리고 나서 남을 가르쳐라. 이로써 지혜로운 자는 고통을 면한다.

사람이 남을 가르치듯이 자기 자신을 율하고 자기를 잘 억제하고 나서 남을 율하라. 자기를 억제하는 것은 어렵다.

자아는 자아의 주인이다. 그 누구라서 주인이 될 수 있나? 사람이 자기를 잘 억제하고 보면 찾기 어려운 주인을 만날 수 있다.

스스로 악을 범하는 자는 금강석이 보석을 깨듯이 어리석은 자를 망친다.

어리석은 자가 거룩한 가르침을 비난하고 성자(聖者)와 덕 있는 자의 말을 욕하며, 그릇된 가르침을 따르면 카타카의 갈대(原註=열매가 맺자 죽은 갈대)의 열매처럼 망신하는 열매를 가져온다.

악도 제 손으로, 고통도 제 손으로, 악을 피하는 것도 제 손으로, 정화되는 것도 스스로 하는 것이다. 맑고 불행하고 서고 넘어지는 것이 모두 자업자득이다. 남이 자기를 정화할 수 없다.

아무리 크다 할지라도 남을 위하여 자기 자신의 의무를 잊어서는 안 된다. 자기의 의무를 깨달은 사람아, 자기의 의무에 충실하라.

⑬ 세 상 : 악한 법을 따르지 마라! 무작정 살지 마라! 그릇된 진리를 따르지 마라! 세상 사람의 벗이 되지 마라!

정신을 차려라! 게으르지 마라! 덕의 계율을 따르라! 덕이 있는 자는 이승에서나 저승에서나 축복을 받으면서 쉴 수 있다.

덕의 계율을 따르라. 죄의 길을 따르지 마라. 덕 있는 자는 이승과 저승에서 축복을 받으면서 쉴 수 있다.

자, 보라. 임금의 마차처럼 황홀 찬란한 이세상을 보라. 어리석은 자는 거기에 도취되지만 지혜로운 자는 관심을 두지 않는다.

한 번은 경솔했으나 뒤에 가서 조심스러운 자는 구름이 지나간 뒤의 달처럼, 이세상을 밝게 한다. 악행을 선행으로써 덮는 자는 구름이 지나간 뒤의 달처럼 이세상을 밝게 한다.

⑭ **大覺者** 붓다 : 극복한 것을 다시 무너뜨릴 수 없고, 극복한 세계에 이승의 누구도 들어갈 수 없는 무량(無量)·대지(大知)·대각(大覺)이여!

어떤 질투와 독한 욕망으로도, 무슨 길로 끌고 가더라도 길을 잃지 않는 무량·대지, 대각의 붓다여!

잠자지 않고 잊지 않는 자, 수도에 침잠하고 지혜로와서 속세를 떠나 기쁨에서 안정한 자는 신일지라도 부러워하리라.

인간으로 태어나는 것의 어려움이여, 유한한 인생의 어려움이여, 참된 율법에 귀를 기울임의 어려움이여, 붓다의 세계에 들어감의 어려움이여, 죄를 범하지 않고

선을 행하고, 마음을 깨끗이 하는 것이 모든 대각자(大
覺者)의 가르침이다.

대각자는 인내를 지고(至高)의 니르바나에 이르는 최
고의 형벌이라 부른다. 왜냐하면 그는 남을 못 살게 하
는 수도자가 아니다. 그는 남을 모욕하는 고행자(苦行
者)가 아니다.

'욕하지 말고, 때리지 말고, 율법에 따라 조심해서 살
며, 음식을 탐하지 말고, 혼자서 자고 앉아 있되 지고의
정신세계에서 살라.' 이것이 대각자의 가르침이다.

황금이 소나기같이 쏟아져도 탐욕을 맛본 자는 곧 고
통을 받는다. 지혜로운 자는 천상의 쾌락이 그 가운데
있어도 만족하지 않고 크고 깨달은 재자(齋者)는 모든
욕망을 없애는 데에서 기쁨을 느낀다.

'공포에 싸인 자는 여러 안식처를 찾아간다.' 산으로,
숲으로, 나무덤불로 거룩한 나무를 찾는다.
그러나 그것은 안전한 안식처가 아니다. 제일 좋은 도
피처가 못 된다. 안식처로 찾아갔다고 해서 모든 고통
이 사라지지는 않는다.

붓다와 더불어 안식처를 찾고, 법과 세 가지 보배와
더불어 안식처를 찾으면 비로소 고통이 가라앉는다. 그
러나 붓다는 찾기 어렵다. 붓다는 아무데나 나타나지
않는다. 이 성자가 탄생하는 곳에 사람들이 번성한다.

⑮ 행 복 : 자기를 미워하는 자를 미워하지 않는 자는 행복하게 살 수 있다. 자기를 미워하는 사람 가운데서 미움을 모르며 살라! 병든 사람 가운데서 미움을 모르며 살라! 병든 사람 가운데서 병을 모르면 행복하다.

탐욕한 자들 가운데서 탐욕을 모르는 자는 행복하다! 탐욕하는 자들 가운데 살면서 탐욕에서 벗어나라.

일체를 제것이 아니라고 생각하는 자는 행복하게 살 수 있다. 그렇게 되면 빛나는 신처럼 행복 속에 살 수 있다!

승리는 패배자가 불행하기 때문에 미움을 가져온다. 사람이 승리와 패배를 같이 포기하면 만족하고도 행복하다.

정욕은 화염(火焰)보다 더하고, 미움은 악의 으뜸이다. 이 육체의 존재처럼 고통스러운 것이 없고 평화보다 더한 행복이 없다.

건강은 최대의 선물이며, 만족은 최고의 보배이다. 믿음은 자타(自他) 최선의 조화이며, 니르바나는 최고의 행복이다.

고적(孤寂)의 감미로움을 맛본 자는 율법의 감주(甘酒)를 마시면서 공포와 죄악에서 벗어날 수 있다.

바보와 벗하여 여행하면 고통이 심하다. 그것은 원수를 동반하는 것과 마찬가지의 고통이다. 지혜로운 사람을 만나는 것은 일가친척을 만나는 것과 같다.

그러니 우리는 지혜롭고, 현명하며, 학문이 있고, 참을성 있고, 성실한 선각자의 뒤를 따라야 한다. 달이 별의 길을 따르는 것처럼 선량하고 지혜로운 자를 따라야 한다.

⑯ 쾌 락 : 허영에 눈이 어두워 수도(修道)를 포기하고, 인생의 참뜻을 모르고 쾌락의 포로가 된 자는 수도에 정진한 자를 부러워할 때가 올 것이다.

쾌감이나 불쾌한 것에 구애되지 마라. 쾌감이 고통인 것을 모르면 불쾌한 것을 아는 것이 고통이다.

그러니, 인간은 일체의 집착을 버려야 한다. 아무것에도 집착하지 않는 자는 아무것도 미워하지 않고 구속을 받지 않는다.

쾌락에서 비애가 오고 쾌락에서 공포가 온다. 쾌락을 초월한 자는 비애도 없고 공포도 없다.

애정에서 비애가 오고 애정에서 공포가 온다. 애정을 초월한 자는 비애도 공포도 모른다.

세상은 덕과 지혜가 있고, 진리를 말하며, 맡은 일을 수행하는 자를 가상하게 본다.

마음 가운데 거룩한 것을 뜻하고 만족하되, 욕망에 마음이 흔들리지 않는 자는 향상하는 자라고 부를 수 있다.

일가·친구·애인은 먼곳에서부터 돌아온 자를 반가이 맞아들인다.

이와 마찬가지로 선행을 쌓고 나서 이승에서 저승으로 가면 선행이 그자를 반겨 맞아 줄 것이다. 일가 친척이 돌아온 자기를 맞아들이듯이.

⑰ **노여움** : 노여움을 버리고 자만을 버리고 일체의 집착에서 초월하라! 인간만사에 속박되지 않는 자에게 고통은 오지 않는다.

굴러가는 전차(戰車)처럼 복받쳐오르는 노여움을 가라앉히는 자가 참된 용사다. 그 외의 사람은 밧줄잡이에 지나지 않는다.

노여움을 사랑으로 극복하라. 악을 선으로써 대하라. 탐욕한 자에게 덕으로써 대하고 거짓말쟁이를 진리로써 극복하라.

'진리를 말하라. 노여움에 지지 마라. 사소한 것이라도 달라는 것을 주라.' 이 세 가지 길을 밟으면 그대는 성불할 수 있다.

육체의 노여움을 경계하고 몸을 삼가라! 육체의 죄악에서 몸으로써 덕을 쌓아라!

마음의 노여움을 경계하고 마음을 삼가라! 마음의 죄

악에서 마음으로써 덕을 쌓아라!

혓바닥의 노여움을 경계하고 혓바닥을 삼가라! 혓바닥의 죄악에서 혀로써 덕을 쌓아라!

지혜로운 자는 육체와 마음과 혀를 단속한다. 이것이 참된 자기극복이다.

⑱ 不　淨 : 그대의 성을 쌓아라. 열심히 일하고 지혜로워라! 그대의 부정이 날아가고 죄가 가셔지면 부처님이 사는 극락세계로 들어갈 수 있다.

대장장이가 하나씩 하나씩, 조금 조금, 오늘도 내일도 은(銀)에서 불순물을 불어내듯 그대의 부정이 날아간다.

남의 잘못은 손쉽게 알 수 있으나 자기의 잘못은 알기 어렵다. 자기가 던지려는 골패를 숨기듯 사람은 남의 잘못은 곧잘 골라내면서도 자기의 잘못은 숨긴다.

사람이 남의 잘못을 캐내어 항상 감정을 사면 그 버릇이 늘어서 없애기 어렵게 되는 법이다.

⑲ 길 : 으뜸가는 길은 '여덟 가지 길'이다. 으뜸가는 진리는 '네 가지 진언(眞言)'이다. 으뜸가는 수양은 무욕(無慾)이다. 으뜸가는 사람은 정관(正觀)하는 눈이다.

이것이 길이다. 이것 이외에 마음을 정화하는 길은

없다. 이 길을 따라가라! 이 길에서 유혹자 마라를 떼어 버릴 수 있다.

'이 길을 따라가는 사람은 고(苦)에서 벗어날 수 있다.' 이것이 일찍이 내가 육체의 가시를 뽑아내어 깨달음을 얻었을 때 직접 설법한 길이다.

너희들이 스스로 수양하라. 부처가 유일한 설법자이다. 이 길에 들어선 지각자(知覺者)는 마라의 쇠사슬에서 벗어날 수 있다.

생자(生者)는 필멸(必滅)이다. 이것을 아는 자는 고해(苦海)에 있어도 극락에 있는 자나 마찬가지이다. 이것이 정화의 길이다.

젊고 강한 자로서 일어설 때에 용기를 내지 않는 자는 태만이요, 마음이 약한 자요, 이런 게으르고 태만한 자는 지혜의 길로 나아갈 수 없다.

열성으로써 지식을 얻되, 열성 없는 자는 지식을 잃는다. 얻고 잃는 이 두 가지 길을 알고 나아가면 거기서 지식이 자라난다.

한 그루도 남기지 말고 욕망의 숲을 베어 눕혀라! 욕망이란 숲에서 위험이 온다. 욕망의 숲과 욕망의 풀을 베고 나면 비로소 욕망의 악에서 벗어날 수 있다.

아무리 적다 할지라도 여자에 대한 인간의 욕망을 베어 버리지 못하면 송아지가 어미소의 젖을 먹듯 마음의 쇠사슬을 벗기지 못한다.

가을 연꽃을 손으로 따듯 자기에 대한 애착을 끊어 버려라! 극락의 길을 놓치지 마라! 부처가 니르바나에 이르는 길을 가르치고 있다.

'비가 내려도, 겨울에도, 여름에도 여기서 살 수 있다.' 바보는 죽음을 생각하지 않고 이렇게 말한다.

자식과 가축을 자랑하되 마음이 고르지 못한 자에게 는 홍수가 잠자는 마을을 덮치듯 죽음이 닥쳐올 것이다.

자식도 소용없고 아버지도 일가도 소용없다. 죽어 가는 자에게 일가 식구가 무슨 소용이냐?

지혜롭고 덕이 있는 자는 니르바나로 인도하는 이 뜻을 재빨리 깨닫는다.

⑳ 無 題 : 한때 내마음이 제멋대로 놀아난 일이 있었다. 그러나 이제 나는 사나운 코끼리의 고삐를 잡은 기수(騎手)처럼 마음을 단단히 잡고 있다.

㉑ 번 뇌 : 어리석은 자의 번뇌는 덩굴과 같이 자란다. 숲에서 원숭이가 과일을 찾듯이 이런 사람은 인생을 이리저리 방황한다.

이 사납고 독 품은 번뇌의 지배를 받게 되면 이승에서 고통이 비라나(Birana) 풀처럼 번져 간다.

그러나 이 무서운 번뇌를 이긴 사람은 연꽃 잎에서 떨어지는 물방울처럼 고통이 떨어진다.

다음 말을 충고삼아 한다.

'여기 모인 사람들아, 듣거라. 번뇌의 뿌리를 파내어 물이 갈대에 부딪치듯 유혹자 마라가 다시는 그대를 해치지 못할 것이다.'

정욕의 노예가 된 자는 거미가 제 발로 쳐놓은 줄을 기어가는 것과 같이 욕망의 물을 따라 흘러간다. 이것을 끊어 놓아야 비로소 지혜로운 자는 모든 고통을 물리치고 아무 근심없이 앞으로 나아갈 수 있다.

㉒ **비구승** : 눈을 조심하라. 길을 조심하라. 코와 혀를 조심하라.

육신(肉身)을 조심하라. 말을 조심하라. 마음을 조심하고 모든 것을 조심하라. 모든 것을 억제한 비구승은 모든 고통이 가셔진다.

손과 발과 말을 억제하고, 혼자 마음속으로 만족하여 기뻐하는 자를 비구승이라 한다.

비구승은 입을 조심하되 지혜롭게 조용히 말하며, 율법의 뜻을 듣기 좋게 가르친다.

율법에서 살고, 율법에서 기뻐하고, 율법을 깊이 연구하는 비구승은 참된 율법에서 벗어나지 않는다.

　행동이 친절하고 붓다의 가르침에서 행복을 느끼는 비구승은 니르바나의 세계에 들어갈 수 있으며 육신이 승화되어 행복을 발견한다.

　그대 스스로 일어서라. 그대 스스로 반성하라. 이렇게 해서 스스로 자기를 보호하고 조심성 있는 그대는 행복하다. 오, 비구승아!

　내가 나의 주인이다. 내가 나의 안식처이다. 그러니만큼 상인이 좋은 말을 다루듯 자기 자신을 억제해야 한다.

　나이 어린 비구승일지라도 붓다의 가르침을 지키면 달이 구름을 벗어날 때처럼 세상에 빛을 가져오리라.

㉖ 브라마나(Brahmana, 최고승, 파라문) : 힘차게 물을 막아라, 욕망을 쫓아내라. 오, 브라마나야! 사멸의 진리를 알면 무(無)를 깨닫게 된다.

　조상이나 모계(母系)가 좋다고 브라마나가 되는 것은 아니다. 그런 사람은 오만하고 재물이 많다. 그러나 모든 집착에서 벗어난 가난한 사람을 정말 브라마나라 부르고 싶다.

　전후좌우의 일체에 무욕(無慾)하고 가난하되 이승의 미련에서 벗어난 자를 정말 브라마나라 부르고 싶다.

　자기가 살던 집을 잊지 않고 극락과 지옥을 보고 생

과 사를 체험하여 완전한 지식이 되어 성자로서 일체의
덕을 갖춘 자를 나는 정말 브라마나라 부르고 싶다.

(2) 나그네의 노래

　다음의 〈형제의 노래〉는 아무런 주석이 필요치 않다.
여기에 수록한 노래의 순서는, 부처님을 찬송하고 감사
의 찬사를 올리는 (ㄱ)·(ㄴ), 산과 수목 속에서 깊은
사색에 잠기는 기쁨을 노래한 (ㄷ)·(ㄹ)·(ㅁ)·(ㅈ),
속세를 떠나서 진리의 길로 나아가는 기쁨을 노래한
(ㅂ)·(ㅅ)·(ㅇ), 개심한 산적의 고백 (ㅊ), 산적 손
에 잡힌 중 이야기 (ㅋ), 죽음에 대한 비구승의 태도
(ㅌ)으로 되어 있다. (ㅍ)의 끝에 나오는 여형제(女兄
弟)의 노래는 퍽 극적이며 인상적인 이야기이다.

　　　　(ㄱ)
　거룩하신 대각자(大覺者) 붓다,
　우리들은 들었노라, 숲에서부터
　니르바나로 나오셔서
　일체 번뇌를 물리치고,
　못가의 연꽃처럼
　흙물에 더럽히지 않고

향기롭고 아름답게 자라나듯,
붓다께서 세상에 태어나셔서
살아 계시지만,
못가에 핀 백합꽃 모양
이승에 계셔도 때 묻지 않네.

(ㄴ)

거룩한 그 모습은 보기도 드문,
인간 위의 그 무엇을 간직하셨네.
높게 솟은 그대 모습 태양과 같고,
거룩한 제자들의 중심에 서니
하늘같은 위풍이 찬란하구나.
이승나라 전차(戰車)를 끌어가는
소와도 같이,
제왕 모양 위엄이 근사하구나.
사방 세계(四方世界)의 주인이시며,
승리자요, 잠부디파의 어른이신……

(ㄷ)

지붕도 튼튼하고 바람도 없는
조그만 내 암자는 기분도 좋아.
신이여, 마음대로 비를 내리라!

냇물도 잔잔하고 가슴 시원해,
일편단심 길을 찾아 쉬지 않노라.
어서 오라, 신이여, 비야 오너라!

　　(ㄹ)

죄 많은 이세상은 빗물에 젖고
추운 바람, 번갯불 번쩍이는데,
마음의 어두움을 거둬 젖히고
내 가슴의 주인공은 나 자신이다.

　　(ㅁ)

버바라와 판다바의 산에 부딪쳐
암굴(岩窟) 속에 번갯불이 스며들어도,
산에 안겨 깊이 숨은 부처님께서
구도(求道)의 황홀에서 앉아 계시다.

　　(ㅂ)

일체의 정욕을 물리치고서
일체의 병든 것을 뽑아 내련다.
환몽(幻夢)은 모조리 사라져 가고
상쾌한 현재의 나
마음속 불꽃도 꺼져 버렸다.

(ㅅ)

이승과 저승의 모든 욕심을
멀리 나는 저리로 떼어 보냈다.
진리로 나아간 그 사람처럼
세상의 끊임없는 조수(潮水) 앞에서
조용한 마음으로 때 묻지 않은.

(ㅇ)

부정(不淨)한 일체를 태워 버리고
삶의 애착을 끊어 버리고
재생할 생각조차 죽여 버리니
이제 다시 무엇이 돌아오겠나?

(ㅈ)

고지의 산길은 마음도 기뻐
구름이 화환처럼 퍼져 가는 곳
코끼리 나팔소리 들려 오는데
내 마음 기꺼워서 안식하는 곳.

황홀한 사색에서 사는 나로선
이곳은 정말 그만이라네.
최고의 선(善)을 닦는 나로선

이곳은 정말 그만이라네.
이처럼 기꺼운 이 장소가
관현(管絃)의 가락만이 아닐 것이니
지혜와 정성으로 도를 닦으면
거룩한 진리가 내 앞에 오리.

(ㅊ)

맑도다! 이것이 내 이름이라,
옛날엔 미련도 있었건만
오늘은 내 이름은 진실이라네.
이제 나는 아무도 해치지 않아.

옛날엔 몹쓸 놈의 산적(山賊)이었다.
주먹만 세다는 평판이어서
무서운 홍수 속에 몸부림치다
이렇게 붓다에게 삶을 얻었네.
옛날엔 두 손에 피가 어리어
주먹만 세다는 평판이었다.
모든 탐욕의 뿌리를 빼고
오, 보라, 살았노라 붓다와 함께!
나와 같이 죽을 죄를 지은 사람은
운명의 그날이 빨리 오리라.

자기를 저버리는 미련한 생각
깨달음을 모르는 바보의 생각.
누구든지 지성으로 고행한다면
극락의 기쁨을 누릴 것이다.

고맙도다, 그 말씀 잊을까보냐!
영원히 잊지 못할 반가운 말씀!
악에서 벗어나니, 오, 보아라!
부처님의 자비심이
나를 살폈다!

　　(ㅋ)

— 산적의 두목 —

팔자가 나빠선지 우리 모두들
공포와 고통으로 떨고 지쳤다.
그러나 이제 와서 겁나지 않고
찬란한 갈 길이 나타났으니
우리들 어찌하여 참회하지 않나,
무서운 액운이 닥쳐오는데……

(아디이무타)
온 세상은 숲속의 풀,

주인이 없으니까 내것이 없다.
이것이 내것이란 생각 없으면
근심과 걱정이 있을 수 없다.
이 몸도 내것이 아니라면
미움도 애착도 나지 않는다.
젊은 사람들이 이 말을 듣고
두려운 마음으로 칼을 던지며,
거룩한 스승이 누구시냐고?

(아디이무타)
나의 스승은 모든 정복자,
무한한 자비로써 세상을 구하시고
모든 진리를 가르치시니
그를 따라 이 사람도 근심이 없네.

(ㅌ)
집을 나와 집 없는 몸이 된 뒤로
한 번도 남을 미워하는 생각을
가져본 적이 없다.
기나긴 세월을 이것이 내 소원은 아니었다.
'겨레들을 때리라, 죽여 버리라,
고통과 불행으로 밀어 넣어라.'

아니다, 사랑이다. 붓다께서 가르치신
영원한 사랑을 맹세하노라.
나는 모든 사람의 벗이다.
모든 중생을 귀엾게 대하자
용서하는 웃음을 기르면서.
항상 선의(善意)에서 사는 기쁨.
들뜨고 움직이지 않는 내 마음은 나의 기쁨
악한 자의 얼굴이 붉어지는
거룩한 마음씨를 길러 보세.

그대의 선의를 성의로써 살펴 보세!
이것이 나의 마지막 훈계니라
보라! 이제 나는 기어이 떠나간다,
이로써 나에게 다시 없는 해방이 온다.

　　　(ㅍ)

지바카의 상쾌한 숲에서
비구니 숨바가 걸어갔다.
한 청년이 그 앞을 막아,
숨바가 말했다.
내가 무슨 훼방을 놓았다고 내 길을 막나?
오, 동무여, 아무도 비구니에 손을 못 댄다.

존경하는 스승께서 내리신
법이 그러하니라.
어째서 내 길을 막아야 하나?
맑은 나와 때묻은 그대 마음,
욕심없는 나와 욕된 욕망의 그대.
어째서 방해하여 미련하게 서 있는가?

젊고 흠없는 아가씨,
거룩한 그대 인생, 무엇을 구하는고?
승복을 내던지고 이리 오렴!
꽃피는 숲속에서
향락을 찾자. 꽃피는 나무에서
향기 아름답다. 보라, 봄은 한창이고
계절마저 행복하다!
그러나 그대는 홀로 숲을
걸어가다가 길을 잃었으니
어찌 마땅히 기쁨을 찾아 만족하지 않는가?

내 몸은 그대를 위해서만 살아 보겠소.
그대여, 이 숲에서 같이 삽시다.
숲나라 요정 같은 그대 눈동자,
세상에서 그처럼 사랑스럽고

아름다운 모습은 처음 보았소.
그대 만약 이 몸을 생각하거든
이리 와서 같이 아아, 행복합시다.
높은 집과 넓은 뜰에 몸종도 있소.
귀한 보석, 금치장과 진주알로써
그대 몸을 찬란하게 꾸며 보겠소.
향기로운 향목(香木)으로 베개를 깎고
새털처럼 부드러운 잠자리에다
새로운 침실을 마련하겠소.

아무리 맑다 해도 흠은 있나니
모발처럼 그것이 가볍다 하나
알고 보면 구름보다 무겁소이다.
국경의 도시처럼 단단히 지켜
안과 밖을 그대 위해 단속하겠소.
황금 같은 이 순간을 허송 마시오.

오, 그대는 보이지 않아!
사람 새에 끼여서 연극을 볼 때,
가짜인 줄 모르는 가엾은 사람.
꿈에서 보이는 황금나무도
마술사의 손에 쥐여 있는 나무 막대기

아름다운 이 눈도 자세히 보면
Y자로 뻗어진 나무 둥치의
뚫어진 한 쌍의 공동(空洞) 같은 것,
그것을 교묘하게 꾸민 것이지.

그러자 아가씨는 제 눈을 빼어
청년의 손에다 쥐어 주면서
'여기 있소, 이것이 내 눈이죠!'라고
그 순간 젊은이는 눈이 뜨여
아가씨를 보고서 애걸하는 말이
'오, 맑고도 거룩한 그대, 아가씨,
제발 그 눈일랑 도로 붙이소!
영영 다시 그대 길을 막지 않겠소.
덕택에 나의 죄가 박살났구려.
불꽃 같은 정욕도 가셔졌지요.
무서운 독사(毒蛇)를 손에 쥐었으나
오, 덕택에 나는 살았소!'
유혹을 물리치고 비구니는
붓다를 찾아서 걸어갔도다.
붓다 앞에 나서자 이 아가씨의
날아간 두 눈알이 되살아 왔다.

3 테라바다 불교의 정신

서 론

테라바다(Theravada) 불교〔소승불교〕가 주로 성행하고 있는 지역은 실론·버마·타일랜드이다. 신자의 견지에서 볼 때, 이것은 교조(敎祖)가 가르친 불교의 순수한 정수(精粹)를 실천하는 동시에, 그것을 유지하기 위하여 신자들이 청소년 시대에 한 번은 출가(出家)하는 것이 상례로 되어 있다. 이런 이유로 해서 테라바다 불교를 믿는 사람의 눈에는, 앞서 소개한 경전과 제3부에 수록된 그것 사이에는 어떠한 구분도 지을 수 없는 것으로 보여진다. 양자가 모두 불교의 시초부터 내려온 정통적인 불가결의 부분으로서 연결되어 있다. 그리고 제3부의 경전은 제1부의 그것과 마찬가지로 거의 동일한 문헌에서 추려 낸 것이니만큼 그 연대가 같은 고대에 속한다고 보아도 좋다.

물론 불교가 그 시초 때의 형태로부터 테라바다 불교 지역에서 성행하게 되기까지의 기나긴 세월에, 적어도 다소의 선택이랄까 강조하는 부분이 있어 그것이 몇 가지 중요한 대문에 가서 붓다에 대한 해석에 지나친 경우를 노출하게 되었다. 다행히 여기서는 그것을 가지고 시비를 따질 성질의 것이 아니기 때문에 별로 언급할 필요를 느끼지 않는다. 제3부에 경전의 일부를 소개한 목적은 다만 테라바다 불교의 정신을 엿보게 하는 불교의 특징을 무엇보다 잘 설명할 수 있으면 하는 데에 있다. 여하간 이것은 곧 해명할 작정인 마하야나(Maha-yana, 소승) 불교와 대조해서 현저한 대척(對蹠)을 보여 주는 것이 사실이다.

물론 우리가 유의해야 할 것은 여기에 수록된 자료를 추려 내는 데 있어서는 불교가 전파된 지정학적 여러 지역의 종교적 지도자들의 사상이나 체험의 지침이 되어 온 여러 가지 사상을 함께 표준으로 하지 않을 수 없었다는 점이다. 또 거기에는 모든 종교가 그렇지만 불교의 경우에도 아득한 과거로부터 전수된 지역별로 다채로운, 주민들의 미신이 존경받는 지도자들의 가르침과 함께 들어 있다.

테라바다 불교와 본래의 불교 사이를 연결하는 가장 중요한 유대는 다암마파다(Dhammapada) 경(經)과, 송가(頌歌)에 일관하여 나타나 있는 저 성실하고도 희망적이며 자주적인 휴머니즘일 것이다. 고통과 불행은 인생문제의 으뜸이다. 교조께서는 그것의 근본 원인을 발견하고, 이에 따르는 괴로움을 극복하는 길을 제시함으로써 이 문제에 대한 핵심적인 해결을 깨달았다. 그러나 교조 자신일지라도 기적 없이는 본인을 구제할 수 없다. 인간이 짊어진, 우리의 갈 길은 과감하게 그의 뒤를 따라서 이승으로부터 집 없는 자유로운 유아독존(唯我獨尊)의 깨달음의 세계로 뛰어 들어가는 데 있다. 그리고 이러한 행동은 경문만 외되 실천이 없는 비겁한 자에겐 다시 없는 선구자로서의 시범이 되는 것이다. 테라바다 불교에서 세 가지 맹세를 말한다면,

'붓다에서 안식처를 찾고, 다암마에서 안식처를 찾고, 상가아에서 안식처를 찾는다.'는 것인 바, 소위 '삼보(三寶)'에 대한 귀의를 짐작할 수 있다. 여기서 붓다라 함은 처음으로 깨달음을 얻어 니르바나의 평화와 기쁨으로 가는 길을 가리킨 인간으로서 가우타마를 말한다. 다암마라 함은 고통과 고통의 원인 및 치유에 관한 근본 원리로서, 교조로부터 제자들에게 지침으로서 전수된 것이다. 상가아라 함은 가우타마의 손으로 이루어졌고, 그 생전에 규율을 정한 불제자의 사회를 말한다.

그것이 이제 와서는 지상에서 극락을 찾으며, 그 가르침을 지키고자 하는 열렬한 대행자(代行者)로서 나타나 있다. 스스로 출가하여 중이 되지 못하는 사람이라

도 중을 부처님의 산 상징으로 우러러보는 것이다. 그
것은 중만이 세속적인 자기 자신보다 수도의 공을 쌓기
때문에 그 뒤를 따라 선행으로 나아갈 수 있으리라 기
대하기 때문이다.

　필자가 다음에 수록한 자료는 이상과 같은 일관성을
보여 줄 것이다. 그러나 동시에 거기에는 테라바다 불
교의 고유한 극단의 입장이 유지되어 있으며, 힌두교의
입장에서 옹호하는 대중적인 종교 사상을 완강히 거부
한다. 거기에는 니르바나에 관한 이치와 만물의 무상
(無常)을 과격하다 할만큼 심하게 가르치고 있다. 동서
고금의 대중적인 종교는 죽은 뒤에 극락세계가 온다는
것을 희구하는 것이 보통이며, 고통이 가셔지고 안심입
명(安心立命)하는 어떤 자비로운 힘에 의지하려고 한
다. 힌두교에서는 이러한 희구를 영원불변의 아트만을
확신함으로써 증명하려고 한다. 아트만은 모든 중생의
참된 자아로서 모든 현실의 초월형식인 브라만과 궁극
에 가서는 일치되는 것으로 보는 것이다.

　니르바나의 이치에 의하면 붓다가 뚜렷이 증명하듯이
탐욕을 없애 버리면 필연적으로 이르는 상황이라 한다.
그리고 뿌리를 빼야 할 탐욕 가운데 가장 큰 탐욕이 이
승과 저승에서 혼자만 살려는 욕심이다. 그러나 붓다는
한 걸음 더 나아가서 바로 그 상태가 자의식의 승화인

지, 그렇지 않으면 우주적인 동시에 개체로서의 존재인지를 명백히 가르치지 않았다. 그렇다면 이 점에 가서 불가지(不可知)한 것으로 돌렸단 말인가? 그렇지 않다면, 자신의 체험을 통해서 개체로서의 무상한 과도기의 자의식에서부터 벗어나서 우주적인 자아로 나아갈 수 있음을 확신하였으나, 용왕매진(勇往邁進)하여 스스로 이 경지를 개척하지 않고, 영생을 얻을 수 있다는 안일한 기대에 빠지지 않게 하기 위하여 일부러 자기의 신념을 제자에게 명시하지 않았단 말인가? 여기서 이것을 가지고 시비할 성질의 것이 아니긴 하지만 테라바다 불교의 신봉자들은 일층 극단의 주장을 내세우곤 한다.— 다시 말하면 이 문제에 한해서 이 이상 논의할 바 못된다는 것이다. 그래서 말하기를, 붓다 자신도, 예를 들어서 말하건대 대각(大覺)하고 나서야 니르바나의 세계로 들어갔으며 다시 말하면, 육신은 아직 이승에 있으면서 이승의 모든 것에 구속되지 않는 상황에서 사후(死後)에는 완전 적멸(寂滅)을 의미하는 파라니르바나(para-nirvānna)의 경지로 승화하여 정녕 무(無)의 설명할 수 없는 상황으로 나아갔다는 것이다.

그러므로, 니르바나의 이치는 자연 일체의 항구성(恒久性)을 단연 부인하려는 사상과 연결된다. 붓다 자신도 체험은 물론 이성(理性)으로서 이 관념을 파악할 수 없

다는 신에서 우파니샤드(Upanishad:고대 인도의 철학
적 경전)적인, 실체불변(實體不變)의 아트만(atman:
궁극의 진리)을 거부했던 것이다. 동시에 그는 악의 근
원으로부터 벗어나는 구도(求道)의 열쇠는 그 핵심 원리
로서 도덕적으로 향상 발전하는 가운데 자기 해탈에 이
르는 것이지, 형이상학적인 자기 발전을 통해서 이루어
질 수는 없다고 말했다. 그러면서도 그는 한 걸음 더 나
아가서 일체의 중생은 일시적인 것이며, 현재산다는 것
은 수시로 변동하는 그때그때의 법칙에 의하여 이어져
가는 것에 지나지 않는다고 말하지는 않았다. 그래서 다
시 우리는 이러니 저러니 단안을 내릴 수 없는 것이다.
그러나 사실은 그를 따르는 테라바다 불교의 신봉자들은
이 결론을 확신하고 있다. 여기서 인간이라 함은 현존의
개체의 유동적 존재를 가리킨다. 어떤 한 순간의 인간을
분석하여 보면 불안정하면서 서로 작용하는 다섯 가지
스칸다(skandha)로 나눠서 볼 수 있다.
　그 다섯 가지란,
　① 육체(동양의 심리학에서는 정신과 이원적으로 나
눠져 있다고 볼 수 없다.)
　② 감정
　③ 사상
　④ 의사(意思)

⑤ 의식된 감각, 또는 순수 감각

을 말한다. 이상 흐트러지기가 일쑤인 다섯 가지 요소를 한데 뭉치는 힘을 가리켜 프라프티(prapti)라 한다. 사망(死亡)이 오면 이것이 모두 분해되어 통일된 전체로서 작용하지 못하게 된다. 테라바다 불교의 입장에서는 이와 같이 잠정성의 관념을 심리학의 분야에서뿐만 아니라 일체의 가시적 세계(可視的世界)의 전체에 적용한다.

우주의 일체에 어떠한 안정성도 없다는 철저한 부정적 태도는 종교로서의 불교의 핵심에 놓여 있는 도덕적 낙관주의와 정신 목표를 그 근저(根底)에서 위협하는 것으로 보아도 어찌할 수 없을 것이다. 이러한 결과에 대해서 테라바다의 사상은 다음과 같은 점을 강조함으로써 대항하고 있다. 시간을 일관하여 지배하는 잠정적인 법칙, 특히 하나의 존재 형태로서, 또 하나의 존재로 유전하는 카르마의 축적을 지배하는 법칙과 '십이 윤회(十二輪廻)의 법칙'을 내세우고 있다. 그 중 후자는 생존자의 체험이 서로 연관되어 있다는 사실을 세밀하게 설명하기 위한 개념이며, 동시에 고통이 탐욕에서 오고 탐욕은 무지에서 온다는 것을 말하여 준다. 이상의 이치에서 탐욕과 불행을 거리낌없이 힘차고 용감하게 파괴할 수 있다는 불교의 기본 신조가 원칙적으로 일관된다고 볼 수 있는 것이다.

테라바다 불교의 방향을 설명하고 천명하는 다음의 자료는 제4부에서 취급할 마하야나 불교의 사상과 좋은 대조가 되는 것으로 피차 비교해서 참작해 주기 바란다.

(1) 붓다의 탄생과 그 초년 때 이야기

다른 여러 종교의 창설자와 마찬가지로 붓다의 탄생과 초년 때 이야기는 여간 분량이 많지 않다. 그 중에서도 가장 널리 알려져 있는 것으로서 버마에서 전해온 이야기가 있다. 다음은 버마어로 씌어진 것을 영어로 초역(抄譯)한 것이다.

미틸라라는 나라에 아리타 자네카, 파울라 자네카 두 아들을 가진 자네카라는 이름의 왕이 있었다. 오랜 태평성시 끝에 왕이 돌아가셨다. 아리타 자네카가 부왕의 장례를 치르고 제사를 지내고 나서 왕위에 올랐다. 동시에 자기가 이때까지 맡아 온 총사령관의 자리를 동생에게 넘겨 주었다. 어느날 간사한 신하 하나가 거짓 보고를 올려 왕의 가슴에 동생의 충성심을 의심케 하는 질투심을 불어 넣었고, 죄없는 동생은 투옥되었다. 그러나 원래 죄 없는 사람인지라 감옥을 탈출하여 자기를 지지하는 곳을 찾아 형에게 대항할 수 있는 준비를 갖추었다. 왕이 군대를 모아 싸움이 벌어졌다. 이 싸움터에서 왕이 죽자 파울라 자네카가 왕위에 올랐다.

이미 아기를 잉태한 왕비는 이 소식을 듣고, 몰래 값진 물건을 광주리에 넣고 그 위에 쌀을 깔아 더러운 옷으로 위를 덮고서 자기는 보잘것없는 여자로 변장하여 머리에 이고 성 밖으로 빠져 나왔다.

한참 가다가 왕비는 어디로 가야 할지 망설이고 있었다. 그래서 암자에서 뜨거운 낮 시간을 보내기로 했다. 거기서 일가들이 살고 있는 참파 나라 생각이 나서 그곳으로 가기로 했다. 그래서 그 나라로 동행할 수 있는 사람이 있는가를 알아 보았다.

이때 왕비의 뱃속에 든 프랄라옹 왕자의 성의가 천신(天神) 나트에게 통하여 모친의 난처한 신세를 동정하게 하였다. 그래서 천신은 천상에서 내려와 노인으로 변장하고 마차를 타고 나타났다. 그리고는 왕비를 마차에 태워 참파 나라로 무사히 데려다 주겠다고 안심시켰고, 왕비도 좋아했다. 그러나 해산 날이 가까웠기 때문에 좀처럼 차에 올라 탈 수 없었다. 그럴 때에 난데없이 왕비가 서 있던 땅이 마차를 타기 알맞은 높이로 불쑥 솟구쳐올라왔다. 왕비가 차에 몸을 싣자 일행은 목적지를 향하여 떠났다. 그날밤 그들은 참파 근처 어느 아름다운 도시에 도착했다. 왕비는 차에서 내렸다. 안내한 천신은 해가 돋을 때까지 성 안으로 들어가지 마라고 이르고는 천상으로 돌아갔다.

바로 그날밤 고명한 성자(聖者) 포운하는 5백 명의 제자를 거느리고 성 밖으로 나와 시원한 밤공기도 쐬고 강에서 목욕도 할 겸 달밤을 소풍하던 참이었다. 제자들이 강가로 걸어가는 도중 포운하만이 왕비를 만났다. 성자는 일가인 왕비를 여동생으로 대접하여 왕자를 낳게 했다. 황금으로 깎은 듯 아름다운 왕자를 자네카라고 명명했다.

나이 들어 이웃 아이들과 놀다가 과부 자식이라고 놀리는 바람에 모친을 졸라 기어이 부친 이야기를 들려주기를 청했다. 모든 사실을 안 왕자는 한편 노여움을 참지 못하였으나 스승 밑에서 모든 지식을 배우기로 했다. 그의 나이 26세에 공부가 끝나자 장사를 해서 돈을 벌어 아버지의 왕위를 회복할 결심을 했다. 모친이 가져온 보물을 팔아 다른 상인들과 결탁하여 배를 마련하고 바다로 나왔으나, 이틀이 못 되어 사나운 폭풍을 만났다. 거센 파도가 밀어닥치는 바람에 배가 파산되자 7백 명의 생명이 고스란히 수중고혼(水中孤魂)이 되고 말았다. 그들 모두가 기어이 살아 보겠다는 최후의 노력도 없이 죽었음에도 불구하고 왕자만은 필사의 용기를 내어 마침 떠내려가는 판자를 잡고 며칠을 싸웠다. 이때 천상에서 성인의 딸 되는 아가씨가 철석 같은 결심에 탄복하여 목적지인 미틸라 나라까지 그를 안아다 옮겨 놓았다. 왕자가 정신을 회복하여 사방을 돌아보니, 망고 나무가 우거진 정원이 있고 자기는 돌로 깎은 탁자 위에 누워 있었다. 아가씨는 이것을 보고서야 비로소 마음을 놓고 천상으로 되돌아갔다.

각설하고, 이때, 배가 파선한 바로 그날 미틸라의 임금님이 티왈리이라는 이름의 무남독녀를 남겨 놓고 세상을 떠났다. 죽기 직전, 왕은 신하를 불러 사후(死後)의 일을 부탁하면서 딸의 사위감 될 사람에 대해 다음과 같은 유언을 남기셨다. 머리가 영리하고 마음씨가 착하며, 게다가 외모가 아름답고 몸이 건강해야 할 것은 물론, 이것을 시험하기 위해서는 수천 명의 병사가 힘을 모아도 굽히지 못할 큰 활을 휘어 잡을 수 있고, 숨겨 놓은 열여섯 개의 금잔을 찾아낼 수 있어야 한다는 어려운 조건을 붙이는 것이었다.

임금님이 죽은 뒤 일 주일이 지나, 신하들은 왕의 분부대로 공주의 신랑될 후보자를 찾기로 했다. 몇몇 희망자가 나타났으나 모두가 자격 시험에서 탈락되었다. 난처해진 신하들은 전차 뒤에 무사와 영인(伶人), 귀족을 따르게 하고 적당한 신랑감을 찾게 하였다. 일행이 막 그 망고나무 숲, 프랄라옹 왕자가 누워 있는 돌 탁자 옆을 지나갈 때였다. 왕자의 범상치 않은 풍골에 놀란 일행 중 우두머리가 급히 왕자를 깨워 시험한 결과, 거창한 활을 휘어잡을 뿐만 아니라 숨겨 두었던 금잔까지도 찾아내는 것이었다.

대궐로 돌아가 공주의 배필이 되어 왕위에 등극한 지 7년만에 티왈리이 왕후를 아내로 삼고 미틸라 국을 잘 다스리면서 성자와 수도승을 후대했다. 그리고 가난한 자를 돌보며, 조금도 변함이 없었다.

결혼 10개월에 티왈리이 왕후는 아들을 낳고 이름을 디가오우트라 하였다. 어느날 왕은 맛있는 망고 과일을 오래 감상하던 끝에 직접 망고 나무를 구경하고 싶어졌다. 망고나무 숲까지 와서 두 그루의 망고나무를 구경하니 하나는 잎이 무성한 대신 열매가 없고 다른 한 나무는 열매가 주렁주렁 열려 있었다.

과일을 실컷 따먹고 나서 돌아갈 무렵 다시 나무를 구경하는데 열매가 많이 달렸던 나무에는 잎도 열매도 볼 수 없고, 또 다른 그루에는 잎사귀만 무성한 것을 발견했다. 왕은 신하들과 이런 저런 문답을 한 끝에 다음과 같이 혼자 결론을 내렸다.

"이승의 재물은 반드시 원수가 생기는가보다. 재물을 가진 자는 저 망고나무와 같다. 선망(羨望)도, 질투도,

욕망도 자극하지 않는 세계를 이제부터 찾아야겠구나. 그렇다면 성자와 수도승이 지닌 세계가 이러한 것이리라. 이제 일체를 포기하여 돌보지 않고 성자의 길을 찾아야겠다."

이렇게 마음을 먹게 되자, 자네카는 대궐로 돌아오는 길로 호위병을 불러 왕이 거처하는 일곽을 삼엄하게 경계하게 하고 넉 달 동안, 왕후도 그 누구도 일체 출입을 금지케 한 채 혼자 구도(求道)의 삼매경에 들어갔다.

예정한 넉 달이 찬 뒤에, 왕이 심복의 신하를 시켜 수도승의 옷을 가져오게 하고 스스로 머리를 깎고 나서 대궐 문을 나서려고 할 때였다. 이때 오랫동안 독수 공방을 하던 왕비는 세상에서 가장 아름다운 아가씨들을 모아 곱게 단장을 시키고 갖은 교언영색(巧言令色)으로 왕의 마음을 돌이키려 했다. 그러나 아무 소용이 없었다.

왕이 혼자 히마온타의 고적(孤寂)을 찾아 걸어가는데, 왕비의 유혹 앞에 정욕에 대한 구도의 싸움이 패배로 돌아갈까 염려하여, 멀리서부터 달려온 두 수도승의 격려를 받게 되었다. 표범 가죽으로 옷을 만들어 몸에 걸친 두 수도승은 나라다 및 미가드 제인이라 한다.

마침 그때, 격려에 용기를 얻은 이 새로운 수도자는 한층 결심을 단단히 하여 다우나라는 고을에 들어서서 어느 나무 밑에서 밤을 새우기로 했다. 그 때까지 왕비

와 그 일행이 왕의 뒤를 따라 조금 떨어진 곳에 와 있
었다. 이튿날 아침에 먹을 것을 구걸하러 성 안으로 들
어갔다. 그때 우연히 활을 수선하고 있는 한 사나이 앞
까지 왔다. 자세히 보니 사나이는 한 쪽 눈을 감고 화
살을 겨누고 있었다. 이상해서 두 쪽 눈으로 겨누면 더
잘 보이지 않겠느냐고 물었다. 그랬더니 사나이가 하는
말이,

"화살을 두 눈으로 겨누게 되면 시선이 흐트러져 잘
볼 수가 없는 법이오. 그러나 한 쪽 눈으로 한 점을 집
중해서 보면 잘 보이는 것이니, 보건대 이미 속세를 떠
난 수도자인 당신이 여자 권속들을 저렇게 대동하고서
길을 닦는다 하오? 그들을 돌보면서 길을 구한다는 것
은 불가능한 일이지."
하였다. 이 말은 날카롭게 자네카의 가슴을 찔렀다.

거기서 얼마 안 가서 또 만난 것이 놀고 있는 소녀의
한 무리였다. 그 중 한 소녀는 양 손목에 방울을 달았
는데 오른쪽 손목에는 금방울이 하나 더 붙어 있었다.
신이 나서 뛰어 노니까 오른쪽 손에서 소리가 나는 것
이었다. 이것을 구경하고 있던 자네카가 묻기를,

"한 쪽 손에서는 소리가 나지 않는데 어째서 또 다른
쪽 손에선 소리가 나는가?"
하였다. 소녀가 대답했다.

"요령이 한 개만 달린 왼쪽 손은 혼자 있어야 할 수도 자의 길을 가리키는 것이지요. 이세상에서 소리가 나는 것은 서로 맞부딪치는 결과입니다. 어째서 수도자의 길로 나섰다면서 저렇게 젊고 아름다운 여색(女色)이 따라다니는 겁니까? 아내인가요, 동생인가요? 수도에 여자는 유해무득합니다."

이 신랄한 교훈 앞에 그는 더 한층 결심이 굳어졌다. 그래서 뒤따라오는 티왈리이를 돌아보고서 잠시 말을 멈추고, 돌연 손을 뻗어 나뭇가지를 꺾어 보이면서 말했다.

"이미 꺾인 나뭇가지가 본래의 모양으로 줄기에 붙을 줄 아오? 이와 마찬가지로 내가 당신에게로 되돌아간다고는 아예 생각도 마오."

이 말을 들은 왕비는 어이가 없어 기절하고 말았다. 시녀들이 놀라 곁으로 모여들었고, 이렇게 정신없는 틈을 이용하여 수도자는 재빨리 숲속으로 몸을 감출 수 있었다. 대궐로 돌아간 왕비도 번심(飜心)하여 수도에 정진한 결과 수도녀(修道女)가 되어 브라마의 자리로 되살아왔다.

니르바나 : 니르바나는 보통 속인의 체험으로써는 어떤 비유로써도 설명할 수 없는 것이긴 하나, 간단히 말

해서 탐욕을 극복함으로써 이루어진다고 한다. 그 속에 들어간다는 것은 현재의 실존으로서의 자기 자신의 모든 요인을 해소시켜 버리는 것을 의미한다. 붓다가 직접 니르바나에 들어간 실존의 인물이고 보니 이러한 결론은 그대로 그에게도 적용된다고 볼 수 있다. 그리고 붓다가 남겼고, 그 뒤로 우리 모두 따라가려고 하는 가르침에 의하여 그것이 결코 허황한 것이 아니라는 것은 믿어도 좋을 것이다.

(2) 불〔火〕의 설법

붓다는 중도(中道)의 이치를 가리켜 육체는 건강을 유지할 정도면 족하되 구도에의 정신을 방해해서는 안된다고 한다. 마하 바가(Maha Vagga) 경에 있는 유명한 '불의 설법'은 테라바다 불교에서 말하는 이 이치를 무엇보다도 잘 설명해 주고 있다. 불과도 같은 인간의 본성을 일체 물리치고서 니르바나의 고요〔靜〕속으로 들어갈 수 있다는 것이다.

그러면 이것은 필연적으로 다음에 오는 '마음의 건강에 대해서'란 설법으로 연결된다. 불과 같은 탐욕의 세계를 극복하여 유적(幽寂)한 마음의 건강으로 나아간다는 것은 니르바나에의 길을 닦는 근본 원리이다.

부처님께서 천 명의 불제자를 거느리고 오랫동안 우루벨라에 계시다가 가야라는 곳으로 옮겨갔다.

그때 부처님께서 불제자들을 보고 말했다.

"듣거라. 일체는 불 속에 있다. 그러면 불 속에 있는 것이 무엇일까."

"눈이 불 속에 있다. 눈에 보이는 형상이 불 속에 있다."

"정욕의 불, 미움의 불, 초조의 불, 생·노·병·사·고(生·老·病·死·苦)의 불이다."

"귀가, 코가, 혀가, 입맛이…… 육체가, 기타 모든 형상 세계가 불 속에 있다."

"듣거라. 이것을 깨달은 각자(覺者)는 형상을 보지 않고, 시각에 매이지 않고, 귀와 코와 소리와 냄새와 입맛과 사념과 마음에 번진 인상을 도외시한다. 이로써 정욕을 물리칠 수 있고, 정욕이 없는 데 자유가 오고, 이로써 스스로 자유롭다는 것을 깨닫는다. 이로써 다시 태어나고자 하는 탐욕을 버리고 거룩한 삶으로 나아가 이승을 넘어서는 것이다."

(3) 마음의 건강에 대해서

가정을 가진 나쿨라피타가 사리푸타한테 가서 인사를 하고 곁에 앉았다. 앉자마자 사리푸타가 말했다.

"당신은 감각이 가라앉고 얼굴색이 맑고도 깨끗하다. 오늘 직접 부처님에게서부터 설법을 들었구나?"

"물론이오, 지금 나는 부처님에게서부터 근본 이치를 배우고 오는 길이오."

"그러면 그것이 어떤 이치란 말이오?"

"내가 부처님을 찾아가서 절을 하고 그 곁에 앉은 다음 이렇게 말했소 '나는 고적하고 나이가 많습니다. 수명이 거의 다 되었고 몸이 아파서 늘 병만 앓고 있습니다. 그러나 부처님이나 거룩한 불제자를 대하는 것은 어쩌다가 얻어 걸리는 정도입니다. 바라건대 나에게 극락의 길을 가르쳐 주옵소서."

"그러자 부처님께서 말씀하셨소. '듣거라, 아픈 것은 그대의 육체요, 그 육체는 이미 늙었다. 그런데도 잠시나마 건강을 갖고 싶다는 것은 어리석은 생각밖에 안 돼. 그러니 그대는 지금부터 이렇게 수양하라. '몸은 병들었으나 내 마음은 병들지 않았다'고."

"그러나 여보시오. 몸과 마음이 같이 병들었다는 것과 몸은 병들었으나 마음은 병들지 않았다는 의미가 뭔지 부처님께 물어 보지 않았소?"

"저 같은 사람이 그것을 알자면 아직 길이 멀다고 보오."

"그렇다면 정신을 가다듬어 내 말을 듣거라."

"그러지요, 선생님."

나쿨라피타가 말했다. 성자 사리푸타는 말을 이었다.

"깨닫지 못한 미련한 자는 이 진리를 알지 못해서 육체가 곧 자기의 전체인 줄만 알고, '나는 육체요, 육체는 나다.' 이렇게 생각한다. 그러나 이런 생각에 사로잡힌 육체는 이리도 저리도 변하는 것이며, 육체가 변하는 바람에 비애와 고통과 실망이 생긴다. 동시에 감각을 자기의 전체인 줄 알고, 지각을 자기의 전체인 줄 알고, 의식을 자기의 전체인 줄 알기 때문에 육체에 병이 오면 마음에도 병이 오는 것이다.

그러면 육체는 병들었으나 마음은 병들지 않는 것은 무슨 이유에서일까? 깨달음에 도달한 지혜로운 자는 '나는 육체요, 육체는 나다.'라는 생각을 버린다. 이런 깨달음에 도달한 자는 그 육체가 변해도 비애와 고통과 절망이 일어나지 않는다. 이것은 의식(意識)의 경우에도 마찬가지이다."

(4) 이승을 버리고 중이 되어서 얻은 것은

불교에 귀의하여 출가한 승려에 대해서 던지는 이 질문은 서양 사람들과 마찬가지로 불교 초기의 인도에서도 많이 제기되었다. 이승을 거부하고 자기 자신의 참된 가치세계를 찾기 위하여 취해진 이 행동이 어떻게 하면 남에게도 이해될 수 있을까? 이에 대한 붓다의 대답은 삼마나팔라 수탄타(Sammanaphala Suttanta) 경에서 볼 수 있는 다음의 글에 찬란하게 명시되었다. 이로써 독자는 여기에서 말하는 가치의 궁극적 핵심에 주목할 것이라 생각된다.

가우타마(붓다)께서 가까이 와 있다는 소문이 아가타사투(Agatasattu) 왕의 귀에 들어갔다.

"현자가 망고나무 숲에서 2천5백 명의 제자를 거느리고 있다는 소문이 들려 오니 우리 임금께서도 한번 찾아보심이 어떨까 하오."

"그러면 어서 타고 갈 코끼리를 대령하라."

이렇게 해서 왕은 코끼리를 타고 위풍당당하게 망고나무 숲으로 찾아갔다.

숲 가까이 이르렀을 때 왕은 갑자기 공포와 불안에 질려서 머리끝이 거꾸로 일어섰다. 왕이 놀라 안내하는 시종 기바카에게 물었다.

"기바카, 나를 놀리는 거냐? 너는 나를 속였군. 2천5백 명의 사람들이 모여 있다더니 기침 소리 하나 들리지 않는 것은 무슨 까닭이지?"

"겁내지 마옵소서. 왕이시여. 신은 놀리는 것도 아니옵고 속이는 것도 아니오니 저기 등불이 보이는 정자까지 걸어가옵소서."

그래서 왕은 코끼리를 버리고 걸어서 정자문까지 가서 기바카를 보고 말했다.

"그런데 기바카, 성자는 어디 있는고?"

"저기 중간 기둥을 등지고 남쪽을 향하여 중인(衆人) 가운데 앉은 분이 성자인 줄로 아뢰오."

그러자 왕은 소리없이 좌중에 자리를 잡고 성자 앞에 절을 하고 나서 물었다.

"용서하신다면 성자께 한 가지 물어 볼 말이 있소."

"왕의 소원이시면 뭐든지 물어 보시오."

"세상에는 여러 가지 직업을 가진 자가 있어서, 덕택에 본인도 살 수 있고 세상 사람도 잘 살 수 있소. 그렇다면 수도의 길을 나선 분들에게 극락세계가 온다 하는데 그분들이 지금 당장 이세상에 주는 공덕은 뭐겠소?"

"대답하겠습니다. 대답하기 위해서 먼저 임금님께 물어 볼 말이 있는데 생각나는 대로 대답해 보시오. 왕을 위하여 다섯 가지 관능의 향락을 만족시켜 주는 신하가 출가하여 수도승이 되어 크게 깨우쳤다고 합시다. 이때 신하 중에서, '전에 폐하의 노예로 있다가 승복을 입고 혼자 기쁨으로 자적(自適)하고 있습니다.' 하고 고했을 경우, 왕께서는 '그자를 불러오라. 그래서 다시 내 노예로서 일을 시켜라!' 하고 분부하시겠소?"

이 말에 왕은 확연한 어조로 대답했다.

"아니오. 왕으로서 나는 그분을 잘 보호하며 정성껏 모시겠소."

"그렇다면 수도승이 이세상에 끼치는 공덕이 뭐라고 생각하시오?"

"확실히 있는 것 같기는 하되 보지 못했소. 그것을 보여 줄 수 있겠소?"

"보여 드릴 수 있습니다. 잘 들어 보십시오. 이제부터 이야기하겠습니다. 세상에 거룩한 성자가 나타나면 뭇 사람들이 그 믿음을 배워 이에 따르게 됩니다. 오, 왕이시여! 황량한 산골에서 맑고 시원한 물이 흐르고, 조개와 고기가 자갈 사이로 흥성한 것을 뭇사람에게 알려 주는 것이 비구승이오."

그러자 왕은 적이 만족하여 기뻐하며 자리에서 일어나 성자에게 절을 하고는 그곳을 떠났다.

(5) 테라바다 신도의 임무

속세를 버리고 하루바삐 니르바나의 길을 닦고자 하는 자를 대상으로 한 것이 다음에 소개하려는 내용의 초점이 된다.

그러나 추후에 언급할 작정으로 되어 있는 마하야나

(Mahayana) 불도에 못자않게 테라바다 교인 역시 그 임무를 잊어서는 안 된다. 세상에 대해서 별로 책임지지 않는 대신 성실하게 구도(求道)의 정신에 몰입한 자로서 어떻게 처신해야 할 것인가? 지침이 될 도덕적·사회적 원칙은 어떠한 것인가?

다음의 내용은 시갈로바다 수탄타(Sigalovada Suttanta) 경에서 추려 낸 것으로 이상의 의문에 대해서 적절한 해답을 줄 수 있음직한 것이다. 여기서 우리는 다른 종교의 위대한 스승처럼 붓다 역시 원시적 관습이나 의식을 덮어놓고 물리치는 대신 윤리적 의의를 부여하는 것이 더 현명한 경우가 있다고 본 점에 대해서 흥미가 간다. 나는 다음과 같이 들었다.

성자가 대나무숲 가까이에 와 있었던 때가 있었다.

그때 시갈라란 청년이 거기까지 와서 젖은 머리에 젖은 옷을 입고서 두 손을 합장하고 천지 각방(天地各方)을 향해서 절을 하였다.

성자가 이른아침에 옷을 입고 그릇을 들고 시주를 얻으러 나오다가 절을 하고 있는 청년을 보고 말했다.

"이렇게 일찌감치 몸과 옷을 적셔 가며 절을 하는 까닭이 무엇인가?"

"제 선친께서 돌아가실 때 천지 각방을 향하여 이렇게 절을 하라는 분부가 계셨기에 그러는 것입니다."

"그러나 그것이 올바른 종교라면 그렇게 여섯 방위를
모시는 것이 아니란다."

"그렇다면 제발 저에게 올바른 것을 가르쳐 주십시오."

"듣거라. 이제부터 이야기해 주마. 여섯 가지 방위라
함은 다음과 같다. 양친은 동이요, 스승은 남, 처자는
서요, 친구는 북, 하인과 일꾼은 지하가 되고, 브라민
(brahmmin)은 천상이 된다. 자식이 되면 동쪽 양친
을 향하여 다섯 가지 길을 따라 모셔야 한다. '전에는
나를 키워 주셨으나 이제부터는 내가 봉양하겠나이다.
자식된 임무를 다하며 자식을 낳고 가풍을 계승하여 가
명(家名)을 욕되게 하지 않겠나이다.' 다섯 가지 길을
따라 남쪽 스승을 향하여 가르침을 베푸신 은혜를 사하
라. 서쪽을 향해서는 남편으로서 아내에 대한 임무를
깊이 생각하며, 북을 향하여 친구에게 신의를 가지고
대할 것을 맹세하며, 지하를 향해서는 하인과 고용인에
대해서 각자 힘에 따라서 일을 주고, 휴식과 임금을 제
공하며, 병을 돌보고 맛있는 진미를 나눠 먹이며, 때로
는 휴가를 줄 것을 맹세하라. 천상을 향해서는 수도자
와 브라민에 대해서 행실과 말씨를 정답게 하되 항상
문을 열어 시주를 게을리 하지 말아야 한다. 이렇게 여
섯 가지 방위를 충실히 하여 천상으로부터 악을 제하고
선을 더하여 자비심을 가르쳐, 마음을 깨끗이 하면 천

상으로 올라가는 길이 트이게 되느니라.”

　성자로부터 이 말을 듣고 나서 청년은 말했다.
　“이렇게 해서 진리를 찾아 불제자가 되는 법을 알았
으니 살아 있는 동안 저를 제자로서 받아들여 주시기
바라나이다.”

(6) 니르바나란

　니르바나에 대한 테라바다의 사상은 여기서 소개하려
는 사뮤타 나카야(Samyutta Nakaya) 및 밀린다
(Milinda) 왕과의 질문에 뚜렷이 나타나 있다.
　니르바나의 본질은 보통 인간 세계의 체험을 가지고
서는 도저히 설명할 수 없는 것이로되, 단적으로 말해
서 탐욕을 극복하는 데에서만 이루어진다고 한다. 그
속에 들어갈 수 있으려면 현재의 자기 자신을 형성하고
있는 일체의 요소를 완전히 해체해야 한다.
　붓다가 니르바나로 입적(入寂)한 사실이 있었기 때문
에 이것을 그가 가리켜 하는 말이다. 그러기에 우리는
그의 교의가 옳다고 생각되는 것이면 잠자코 그 뒤를
따르게 되는 것이다.

장미 사과(rose-apple)를 먹은 나그네가 성자 사리푸타(Sariputta)에게 말했다.

"모두들 니르바나, 니르바나 하는데 도대체 그 니르바나가 뭡니까?"

"탐욕과 마음의 혼란을 없애면 그것이 곧 니르바나요."

"그러면 그 니르바나로 가는 길이 있습니까?"

"있고말고."

"그 길을 가리켜 주시오."

"여덟 가지 정도(正道)를 밟으면 그것이 곧 니르바나의 세계라오. 다시 말하면 옳게 보고, 옳게 생각하고, 옳게 말하고, 옳게 행하고, 옳은 생활을 하며, 옳은 노력과, 옳은 주의로써, 옳게 집중하는 것이오."

"감사합니다. 니르바나로 가는 길은 지극히 거룩합니다그려. 그러나 정진을 해야겠군요."

"니르바나를 만들어 낼 수는 없소. 그러므로 니르바나를 어떻게 하면 가져올 수 있느냐는 방법을 가르쳐 주지는 않았소."

"그러면 이치로써 저에게 설명해 주십시오. 거룩하신 나가세나(Nagasena) 선생님. 니르바나로 가는 길은 가리키되 니르바나를 만드는 길은 가르쳐 주지 않았다는 이유를……."

“주의해서 내 말을 들으시오. 그러면 묻겠노니, 사람이 제 힘으로써 높은 히말라야산에 올라갈 수 있겠소?”

“물론이지요.”

“그러나 인간이 지닌 자연의 힘으로써 저 높은 히말라야산을 여기까지 가져올 수 있겠소?”

“물론 불가능하지요.”

“그렇다면 이 이치와 마찬가지로 니르바나로 가는 길은 가리킬 수는 있으되 니르바나를 만들어 내는 방법을 가르친다는 것은 불가능한 일이오. 그것이 무슨 말인고 하니 니르바나는 형태도 아무것도 없는 것이기 때문이오.”

“니르바나에 형태가 없다니요?”

“바로 그 말이오. 그것은 아무것도 아니오. 만들 수도 없고 과거도 미래도 현재도 없으며, 눈에도 귀에도 코에도 목에도 아랑곳없는 것이오.”

“그러면 니르바나는 무(無)로군요.”

“그렇지, 그러나 그것은 마음으로써는 알 수도, 볼 도 있는 것이오. 거울같이 맑고 탐욕 없는 마음 상태에서만이 니르바나를 볼 수 있소.”

“잘 모르겠으니 알기 쉬운 비유를 들어 설명해 주십시오.”

“그러면 바람을 가지고 이야기하지.”

“좋습니다.”

“그러면 바람의 빛깔과 모양이 어떠하며, 얇은지 두꺼운지, 혹은 긴지 짧은지 말해 보시오.”

“선생님, 그것은 불가능합니다. 왜냐하면 바람은 손으로 잡을 수도 만져 볼 수도 없으니까요. 그러면서도 바람은 존재하거든요.”

“바람을 보여 줄 수 없다고 하니 바람이란 없는 거로군.”

“틀림없이 바람은 있어요. 그러나 그것을 보여 드릴 순 없답니다.”

“바람과 마찬가지로 니르바나도 빛깔이나 모양으로써 보여 줄 수 없는 것이라오.”

“선생님, 이제야 비유의 뜻을 잘 알겠습니다. 선생님 말씀대로 니르바나가 틀림없이 있다는 것을 믿을 수 있겠어요.”

Ⅱ 그 뒤에 오는 불교사상

4 마하야나의 종교사상

서 론

이상의 서술을 통해서 알 수 있는 바와 같이 불교 초기의 열렬한 불제자들은 단연 속세와 인연을 끊고, 일반 대중이야 따르든 말든 일편단심 구도에 전념한 테라바다 불교의 일관된 세력을 짐작할 수 있다. 그 이상은 유아(唯我)의 경지에서 탄하(tanha)의 유혹을 물리치고서 도달할 수 있는 아라하트(arahat)의 사상에서 알 수 있으며, 생과 사의 윤회에 따르는 쇠사슬을 끊어 버리고 니르바나의 영생 극락을 누릴 수 있다는 점을 궁극의 목표로 삼는다. 일반 대중도 이와 같은 지난(至難)의 이상에 도달할 수 없는 것은 아니다. 다만 스스로 거리낌없이 힘차고 용감하게 구도의 이상에 도달할 수 있다는 것을, 불제자들이 솔선수범하여 각성과 정열과 결의만 보여 준다면 남들도 따르리라는 것이었다.

불교를 그 초기 및 테라바다의 형태를 통해서만 보아 온 사람이면, 일본의 유명한 종교 사학가(宗敎史學家)

인 아네자키의 《일본 종교사》 중 다음의 몇 절을 읽고 적잖이 당황할 것이다.

'서양의 평자들이 어떻게 말하든 불교의 힘이 닿는 곳에는 모든 중생의 근본 교의(敎義)의 반영인 동시에, 궁극의 해탈에서 이루어질 수 있는 보디(Bodhi)의 이상인 자비와 평등의 원리를 실천하도록 강조한다. 이 보디라는 것은 뭐냐하면 영혼과 생명에다 존재의 근본적인 통일을 구현하며 우주에 충만한 영혼을 의미한다. 그리고 이것은 붓다가 말하는 자비에의 귀일을 통해서 뿐만 아니라 인간으로서의 붓다에서 여실히 나타나 있다.

일본으로 도입된 불교는 이러한 종교의 형태를 발전시켰고, 복잡한 절차와 이상주의적인 철학 체계를 갖추고 있는 것이다. 불교 교의의 중심 관념은 중생은 모두 하나라는 기본 이념에 입각한 일체제도(一切濟道)의 복음에 있다. 불교에서 말하는 바에 의하면, 세상에 복잡다단한 삼라만상과 생명이 서로 각각 나뉘어 존재하며 그런 전제에서 행동한다고 한다. 그러나 사실은 그 모든 것은 하나의 가족인 것이며, 붓다의 세계에서만 전체에 대한 부분으로서의 각자라는 고정 의식으로 돌아간다는 것이다. 개인이 자기 정화(淨化)를 통해서 죄많은 인간 고해(苦海)에서는 벗어날 수 있으나 앞서 말한 영혼의 귀일에까지 이르지 못하는 한, 제도의 이상은 완전하다고 볼 수는 없다. 즉 그것으로 구제를 받았다고 볼 수 없다는 말이다. 남을 구제함으로써만 자기 자신을 구제할 수 있다는 것이 곧 불교에서 말하는 일체 제도의 복음이다.'

여기서 우리는 영혼의 완성에 관한 전혀 색다른 이념을 발견할 수 있다. 뭇 선남선녀들이 아무리 미련하다 할지라도, 그들과 함께 구제를 받아야 한다는 열성에서, 다시 말해서 일체 제도의 이상이 구현되기 전에는 마음의 참된 행복을 얻을 수 없다는 자비의 통일 관념이 중심 사상으로서 강조되어 있는 것이다. 그러면서도 앞서 소개한 아네자키의 말은, 일본에 도입된 것이 마하야나 불교였지, 테라바다 불교가 아니었다는 전제에서만 옳다고 할 수 있다. 그러면 종교적인 견지에서 이 색다른 마하야나 불교의 진리를 어떻게 설명해야 할 것인가? 어떻게 해서 불교가 이런 거룩한 방향으로 발전의 향방을 돌리게 되었을까? 그리고 어떻게 하면 이 마하야나 불교의 사상을 올바르게 이해할 수 있을까?

이러한 질문에 대해서 자신을 가지고 만족할 만한 해답을 줄 수는 없다. 거기에는 광대한 인생 체험의 바다가 가로놓여 있고, 그 속에서 성자로서 정신의 조화와 인간의 정체를 통찰한 다음이라야 충분한 깨달음을 가질 수 있기 때문이다. 그러나 필자는 구도에의 관심이 많은 독자의 편의를 도모하기 위하여 몇 가지 고귀한 자료를 소개하려 한다.

모든 불교도들이 붓다 자신에게서 구도의 정신적 이상을 발견하려는 것은 사실이다. 그러나 테라바다 불교의 경우에는 니르바나에의 정진(精進)을 순전히 구도자 자신만의 문제라고 한정하고 나머지 중생에 대해서는 일체 무관심해도 할 수 없다는 태도로 나온다.

'완전한 경지에 도달한 사람이 제자에게 진리를 전하건 말건 본인에게는 하등 상관없는 일이다. 어째서 이렇게 되는가? 왜 그러냐 하면 완전한 사람의 경지에서는 인간 세상의 모든 번잡스러운 것과 이미 인연을 끊어 버렸기 때문이다.'

그런데 마하야나 불교에서는, 붓다의 찬란한 공덕을 우러러보며 그것이 불쌍한 인류를 자비심으로써 인도하여 극락 영생의 길을 틔어 준다고 보고 있다. 이것은 붓다 자신이 해탈의 경지에 이르자 여생을 바쳐, 스스로 깨달은 영원한 행복을 중생과 함께 나누고자 했다는 사실을 가지고서 짐작할 수 있는 일이다. 그리고 이처럼 신념으로써 헌신적으로 중생을 위하여 제도의 길에 나서는 자비의 정신이야말로 바로 해탈의 세계와 표리가 되는 것이며, 만약 이런 일체 귀일의 자비심이 없었더라면 이기적인 탄하(번뇌)의 거미줄에 얽혀 진정한 정신의 최고 경지에 이르지 못했을 것이라고 본다. 이 점에 대한 마하야나 불교의 확신은 〈대면(對面)〉이라는 존. G. 휘타이어의 짤막한 시 그대로이다.

제 길만을 구하는 자는
찾지 못하리라.
저만이 구원을 받으려면
영혼이 가 버린다.

마하야나 경(테라바다 불교의 입장에서는 정통이 아니라고 말한다.)에는 이상의 마하야나의 교의가 선명히 드러나 있다. 그 중에도 가장 많은 영향을 준 것이 금강경(金剛經, Diamond Sutra)·란카바타라(Lankava-tara)경·연화진언경(蓮花眞言經, Lotus of the Per-fect Law)·수랑가마(Surangama)경·수카바티 뷰하(Suk-havati-Vyuha)경 및 대각경(大覺經, Awaken-ing of Faith)이다.

그러면 마하야나의 신봉자들은 초기의 종교 사상과 제도의 길에 있어 판이한 이상의 해석을 어떻게 설명하고 있는가? 물론 일부에서는 이 문제를 전혀 도외시하고 있으나, 그러나 솔직하게 이 의문에 대한 해명을 내리고 있는 편의 말을 들어보면 여간 자연스럽고 손쉽게

수긍이 가는 것이 아니다. 특히 연화진언경에서 볼 수
있는 이에 대한 해석에 의하면, 붓다가 제자들에게 수
교(垂敎)할 때 각자의 수행 단계에 따라서 꼭 이해할
수 있는 최고의 진리를 가르쳤다는 것이다. 테라바다의
교의(敎義)는 이미 상당한 정진과 약간의 진보가 있는
자에게만 적합한 것이었으나 마하야나의 이치는 장차
깨닫게 될 수 있는 자를 상대로 한다. 마하야나의 우화
중 몇 가지는 이 사상을 설명하여 설득시키는 데 그 목
적이 있다. ≪불난 집≫의 우화의 예를 들면, 위험이 닥
쳐오는 것도 모르고 집안에서 놀고 있는 어린애들을 어
떻게 하면 대문 밖으로 불러내는가, 집주인이 불 때문
에 정신이 돌아 어쩔 줄을 모른다. 그럴 경우 누가 세
상에서 둘도 없는 보배를 준다 해도 어린 것들은 물건
의 가치를 알아 줄 리가 없고 마음이 그리로 쏠리지도
않는다. 이런 경우에, 주인이 애들의 나이에 적합한 장
난감을 내보인다면 손쉽게 위험으로부터 불러낼 수 있
을 것이다. 그러면 주인의 행동을 어린 것들을 속인 것
이라고 나무라야 할 것인가?

　중생에 대한 불교의 관계가 이러한 것이다. 마하야나
의 이상을 따라 붓다는 제도의 용의가 있다. 그러나 아직
익지 못한 스라바카(Sravaka)나 프라체카붓다(Pra-
tyekabuddha, 原註＝모두 도통하기 전의 수도자)를

거기까지 끌어 올리기 위해서는 현재의 힘으로써 이해할 수 있는 최고의 가르침을 내림으로써 인도하게 되는 것이다. 차차 설명이 있겠지만 중국이나 일본에서 볼 수 있는 선(禪)의 입장에서는 이 점을 그 극한에까지 추구한다.

현재 이 마하야나의 사상은 교의에 있어 이론적으로 해명되었을 뿐만 아니라 우주적인 존재로서의 아미타바(Amitabha)나 자비의 상징인 보디사트바(Bodhisattva)를 통해서 구체적으로 구현되어 있다. 아미타바는 누구든지 성심으로 이 이름을 부르면 서방 극락세계로 들어갈 수 있는 신비로운 존재이다. 그리고 이것은 이미 수천 년 전에 살다가 돌아간 역사적인 존재로서의 가우타마와 꼭 동일하지는 않다는 붓다의 중요한 사실을 말해 준다. 그리하여 그 한 개체는 우주적인 현실로서, 초월한 붓다의 본질로서 모든 중생을 제도하기 위하여 시대와 장소를 가리지 않고 손을 뻗치고 있는 것이다. 아미타바는 이렇게 해서 이루어진 부처의 하나의 좋은 실례라고 볼 수 있다.

보디사트바의 경우는 정화와 해탈의 길에 올라섰으나 곧 니르바나에 들어가기를 거부하고 뒤에 남아 있는 자들을 사랑하는 마음에서 그들을 구제하기 위하여 그대로 남아 있는 것이다. 자타가 하나로 귀일한다는 깨달음에서, 자기와 같이 모두가 구원을 받을 때까지 힘이 되어야겠다는 자비심에서 일신(一身)의 영생 극락을 보류하며 기다려 보자는 것이다. 앞서 말한 아네자키의 설명에 의하면 모든 중생이 구제받기 전에는 일신의 완전 구제란 있을 수 없다고 생각한다는 것이다.

이상의 마하야나의 진리에 특히 많은 영향을 미친 것으로 니르바나의 본질과 그 속에 들어가는 일체의 이치를 간과할 수 없다. 제4부의 종장 란카바타라경은 이것을 주제로 한 것이다.

(1) 붓다의 무한한 자비심과 지혜에 바치는 노래

붓다에 대한 마하야나 불교의 헌신적인 희구는 이 아름다운 한 편의 노래에 잘 나타나 있다. 이것은 서기 2세기의 인물로 추측되는 마트르세타(Matrceta)의 사타판카사카(Satapancasatka)의 시편에서 추려 낸 것이다.

일체의 허물에서 벗어난 임
일체의 공덕이 임 속에 쌓여 있네.

임을 찾아 집이 있고 임을 불러 찬송하며

임의 종교를 따라 육신(肉身)을 간추리세.

위대할손 임의 독존(獨尊)!
거룩할손 임의 업적
무량(無量) 공덕 깊고 넓네.

이승에서 무엇 하나 겨눌 바 못 되노니
인간인들 공기인들 어찌 임을 막을소냐?

미워해도 방해해도 임의 공덕 한결같네.
영원무궁 뻗어가네.
잔잔하며 아름답고 찬찬하되 다사로운
힘차고도 부드러운 임의 모습 찾아보세.

일백 번 고쳐 보나
단 한 번 쳐다보나
임을 보면 기뻐지네.
때묻은 이세상을 더럽다 하지 않고
자비의 공덕으로 세상 사람 구하시네.

어느 것을 찬송할까.
임을 먼저 노래할까.

자비심을 노래할까.
인간 고해(苦海) 잘 아시고
우리 위해 계셨으니……

홀로 계서 극락인데
중생을 돌보셔서 떠나지 않으시니
자비심이 거룩할손.

임이 나서 기쁨이요, 임이 커서 기쁘도다.
임 계시면 복이 오고
임 가시면 서럽도다.

임 받들면 죄가 가고
임 생각에 힘이 나고
임을 찾아 뉘우치며
임을 구해 정화 되라.

홍수에 빠진 자는 임에게서 섬을 얻고
공포에 싸인 자와
해방을 찾는 자는
임에서 안식처와 모든 힘을 얻는도다.

뉘 아무리 욕을 해도
임의 바른 그 행실이
그릇될 리 만무하네.
임과 같이 자기를 해치는 자를 위하여
자기를 생각하는 자와 같이
근심하는 사람이 누구이냐?
악을 품은 원수를 향하여
선의의 벗처럼 대하시니
임에 따르지 않는 자 누구이냐?

세상을 가엾게 여기사 오랫동안
임은 선의 진리를 믿어 오셨다.
거룩한 제자들도 임께서 가르치신
삼방 세계(三方世界) 구하나니……
오, 줄기참이여! 오, 그 행적!
그 모양! 그 공덕!
붓다의 진리에 거룩하지 않은 것이
하나 없도다.

(2) 세상을 濟道하려는 보디사트바(Bodhisattva)의 맹세

여기에 소개하려는 경문(經文)은 제3부에서 제시된

질문에 대한 마하야나의 입장에 선 해답이다.

보디사트바는 자기 혼자만의 구제를 초월한 경지에서 일체 중생의 행복에 책임을 짐으로써 이 목표에 도달할 때까지는 만족할 수 없게 되어 있는 것이다. 스스로 해탈의 길을 찾았으나 이승을 내버리고 혼자만 니르바나로 들어가기를 거부한다. 그래서 끝끝내 이승에 남아서 짐짓 보통 사람 같은 행세를 하는 것 같으면서 실은 중생을 제도하는데 자비로운 갖은 수단 방법을 아끼지 않는다. 혼자만 고해를 극복하여 소극적으로 수범(垂範)하는 데 만족하지 않고서 중생과 더불어 그들과 함께 고통을 나눠 가며 정진한다는 것이 곧 보디사트바의 정신이다.

임 : 정진 끝에 니르바나에 들어가게 되었을 때 일체 중생을 모두 이끌고 가야 할 것인가?

사리푸트라(Sariputra) : 아니옵니다.

임 : 그대들의 지혜는 보디사트바에 비할 바 못 된다는 것을 알아라. 그러면 정진 끝에 모든 것을 깨닫고 일체 중생을 니르바나로 데리고 갈 것이라 생각하느냐?

사리푸트라 : 아니옵니다.

임 : 듣거라. 이것이 보디사트바의 뜻이다. 불을 비추는 벌레나 짐승은 태양처럼 온 세상을 비출 것을 생

각하지 않는다. 그러나 깨달음과 함께 온 세상을 비추
는 태양처럼 그는 일체 중생을 니르바나로 끌고 가려고
한다.

비록 성자는 영생 극락의 이 법에 투철했으나
무지하고 육신의 번뇌에 사로잡힌
미련한 사람처럼 보인다.
이 얼마나 거룩한 일이냐?

자비로운 수단 방법으로
성자는 이승의 중생과 인연을 맺고 있다.
그리고 성자의 경지에 이르렀으나
보기에는 미련한 사람과 같다.

이승의 모든 것을 해탈했으나
이승을 떠나지 않고
이승의 진애(塵埃)에 때묻지 않고
이승의 복된 길을 찾아 정진한다.

연꽃이 물에서 핀다고 하나
물에 때묻지 않는 것처럼
그 역시 이승에 태어났으나

이승의 지혜에 때묻지 않았다.

불꽃처럼 성자의 마음은
다음을 위해서 일하고자 불타고 있으나
동시에 잔잔한 기쁨에서 무형(無形)의 깨달음을
간직하고 있다.

설법이건, 풍책이건, 기적이건, 거동이건, 묻지 마라.
성자는 상대자를 어떤 방법으로
어떻게 가르쳐야 한다는 것을 알고 있다.

성자가 이승의 중생을 위하여 정진하는 한
보디사트바는 비로소
타다가타와 동격으로 올라가는 것이다.

그러나 한 개의 모래알로 지구를 겨누고
소 발자국에 담긴 물로써 바다에 겨누듯이
보디사트바는 붓다와 비할 바 아니다.

보디사트바가 결심했다. '일체의 고(苦)를 내가 짊어
지겠다. 나는 결심했다. 그래서 참겠다. 나는 물러서지
도 겁내지도 실망하지도 않으련다.

그래, 왜냐고? 무슨 희생을 당하든 일체 중생의 짐을 지겠다. 나는 사사로운 내 마음에 동요되지 않으련다. 이미 나는 제도의 길로 나선 지 오래다. 그들을 구해야겠다. 모든 생·노·병·사(生·老·病·死)의 고로부터, 착각의 세계에서, 진리가 없어진 곳에서부터, 무지의 도가니 속에서, 그리고 일체의 공포로부터 중생을 구해야겠다.

중생을 위하여 극락 세계를 이룩할 때까지 나는 걸어가련다. 나의 정신은 나 자신만의 해탈을 위한 것이 아니다. 전지 전능(全知全能)의 배를 타고 건너기 어려운 이승의 고해에서 중생을 건져 내야겠다. 감내할 최후의 한계까지 나는 이승의 모든 고통을 달갑게 받겠다. 그렇지만 나는 내 힘을 미끼로 세상을 속이지는 않겠다.

그래, 왜냐고? 이 모든 것이 고에 허덕이느니보다 나 혼자 고통을 받는 것이 낫기 때문이다. 나를 미끼로 하여 온 세상이 고생에서 벗어나야겠다. 중생을 위해서 정말 나는 일체를 바쳐야겠고, 그렇게 하기 위해서는 진실을 말해야 하며 그들을 버려서는 안 된다.

뭣 때문에? 이승의 기쁨은 참된 기쁨이 아니다. 관능의 향락에 빠지는 순간 마라(魔)의 세계가 기다린다.

(3) 유명한 마하야나의 寓話

　서론에서 지적한 바와 마찬가지로 사람의 입에 가장 많이 오르내리는 유명한 이 마하야나의 우화를 소개하는 주목적은, 고대 경전에 의하면 붓다가 가르친 것은 마하야나의 이상이 아니라 테라바다의 이론이라는 반대론에 대항하는 데 있다. 이 점은 각기 중점은 달리 하되 우화의 전편을 통해서 뚜렷하다.

　첫번째 〈불난 집〉이야기는 주위에서 알아 들을 수 있는 이상의 굉장한 진리를 스스로 갖고 있으면서도, 붓다는 초보자에게 어려운 테라바다의 이치를 휘두르는 자기 기만을 범하지 않았다. 그것은 어디까지나 받아들일 수 있는 가르침이라야 하며 올바른 길로 인도할 수 있는 것이라야 한다.

　〈탕아〉 이야기에서는 미련한 구도자에게 금물(禁物)은 공포와 불신(不信)인데, 이것은 붓다의 사랑에 호응하여 남을 위한 자비로운 봉사로 나아가기 위해서 붓다 아버지의 자애 아래 조만간 극복되어야 한다는 것을 가르쳐 준다.

　끝으로 〈비 구름〉은 붓다의 거룩함을 찬양하는 아름다운 찬송가로서, 중생의 메마른 가슴 속을 통찰한 붓다께서 온 세상에 그 은총을 풍성하게 내리신다는 것을 노래부른 것이다.

이상의 우화는 ≪거룩한 연꽃≫에서 추려 낸 것으로서 중국 불교에 있어서 첸타이(Ti′en T′ai) 종(宗), 일본의 니치렌(Nichiren) 종의 교리에 근본 진리를 제공하였던 것이다.

'거룩한 붓다께서 여러 가지 이치와 우화를 가지고 설법에 가장 알맞게 가르치시되, 궁극의 완전한 깨달음으로 인도하신다는 말을 한 일이 있던가? 모든 교의는 모두 불제자들을 보디사트바로 끌어 올리기 위해서 있는 것이다. 그러나 사리푸트라여! 다음의 우화를 들어 보면 지혜로운 사람이므로 진리를 손쉽게 이해할 수 있을 것이다.'

불난 집 : 사리푸트라야, 듣거라! 옛날 어느 곳에 굉장한 큰 부자가 살고 있었다고 하자. 그 집은 넓고도 컸다. 그러나 문은 하나인데 식구는 5백 명이나 있었다. 방들은 죄다 허물어지고 벽은 무너지고 지붕마저 곧 내려앉을 것만 같은 위험한 집이었다.

이때 사방에서 돌연 불이 붙어 집 전체가 불길에 휩싸였다. 집안에는 50명 가까운 어린 것들이 있었다. 이 집 어른이 깜짝 놀라 혼자 이렇게 생각했다. '나 혼자 몸이야 어떻게 해서든지 불난 집에서 벗어나 대문 바깥으로 피할 수 있지만 위험이 닥쳐 온 것도 모르고 천진난만하게 놀이에 정신을 잃고 있는 저 어린 것들을 어떡한다. 불길이 곧 닥쳐 오면 크게 욕을 보게 되리라는 것도 알지 못하고 아무 겁도 없이 도망칠 생각조차 안 하니 이 일을 어떡해.' 그리고 또 이 집 어른이 이렇게 곰곰 생각해 보았다. '이 집에는 나가는 문이 하나밖에 없다. 그것도 좁고 작은 문이다. 어린 것들이 저렇게 놀이에 마음이 팔려 놀고 있다가 불에 타 죽으면 큰 일이다. 그러니 곧 나오지 않으면 불에 타 죽는다고 주의줄 수밖에 없다.' 이렇게 생각하고서, "모두들 곧 나가야해!" 하고 소리치려 했다. 그러나 그런 말에 귀를 기울여 줄 애들은 아닌 것 같았다. 그러니 임기응변인 꾀를 써서 애들 귀에 쏙 들어갈 만한 말을 할 수밖에 없다고 생각했다. 그래서 말했다.

"애들아, 너희들이 좋아하는 값진 장난감이 있어. 어서 나와. 밖으로 나오지 않으면 안 줄 테야. 여러 가지 수레가 밖에서 기다리고 있으니 그것을 못 얻으면 섭섭하지 않겠니? 같이 나가는 애에겐 뭐든지 주지."

그랬더니 어린 것들은 장난감이란 말에 귀를 번쩍 띠어 앞을 다투어 문 밖으로 뛰어 나왔다. 어린 자식들이 무사히 한길로 나오는 것을 보고 나서 부친되는 어른은 한없는 기쁨에 잠겨 네거리에 주저앉았다. 그러자 어린 것들이 아버지한테로 모여들어 졸라댔다.

"아버지! 약속한 장난감을 주세요."

부친은 약속대로 어린 것들에게 여러 가지 물건을 나눠 주었다. 왜냐하면 부친은 천하의 거부(巨富)였기 때문이다. 듣거라. 그대의 의견은 어떤가? 부친은 정말 자식들을 속였다고 생각하는가?

"아닙니다!"

사리푸트라가 대답했다.

"자식이 불에 타 죽는 것을 구해 내기 위해서 한 일이기 때문에 거짓말을 했다고는 볼 수 없습니다. 다만 불난 집에서 어린 생명을 구해 내기 위해서 쓴 방법에 지나지 않는다고 봐야겠습니다. 뿐만 아니라 나중엔 자기의 소유인 많은 재산에서 자식들에게 공평하게 선물을 나눠 주었으니까요."

"옳은 말!" 붓다께서 사리푸트라를 보고 말했다. "무한한 자비심과 지혜로써 중생을 제도하는 타다가타(Tathagata)가 바로 이러한 것이다."

탕아와 그의 부친 이야기 : 어떤 젊은이가 성년이 될 무렵에 부친을 버리고 멀리 달아났다. 10년, 20년, 50년을 입을 옷과 먹을 음식을 찾아 여러 곳을 돌아다녔다. 그러는 동안 자기도 모르는 새 고향 땅으로 발을 들여놓게 되었다.

그동안 부친은 자식을 백방으로 찾아 보았으나 알 길이 없었다. 그래서 어느 읍내에 거처를 정하고 사는 동안 세상에 둘도 없는 거부가 되었다.

이때 이 미련한 자식은 이 나라, 저 나라, 이 동네, 저 동네, 이 읍(邑), 저 읍을 방랑하던 끝에 부친이 사는 곳까지 흘러왔다. 그동안 부친은 행방불명이 된 자식 생각을 한 번도 잊어본 적이 없었으나 마음속의 고민은 아무에게도 호소하지 않았다. 그러나 항상 혼자 근심하기를 '나의 재산을 자식에게 물려 주고 죽을 수 있다면 지금 당장 눈을 감아도 한이 없겠다.'는 것이었다.

그러는 사이에 자식되는 쪽에서는 품팔이 일을 해가며 간다고 간 곳이 뜻밖에도 자기 아버지 집이었다. 집에 들어서니 살림살이가 호화찬란한 품이 이루 다 말할 수 없었고, 금은보석으로 장식된 자리 위에 수많은 시종을 전후좌우로 거느리고 이 집 주인이 앉아 있었다. 그 부귀영화와 거창한 위엄! 미련한 자식은 그 광경에 질려서, '이런 곳에서 머뭇거리다가는 잡혀서 실컷 죽도록 노동만 해야겠구나.' 생각하고 빨리 다른 데로 도망치려 했다. 바로 그때, 좌상(座上)에서 부친은 이미 자기 아들이 들어온 것을 알고 속으로 기뻐서 어쩔 줄 몰랐다. '이제야 내 재산을 물려 줄 자식이 찾아왔구나!' 이렇게 생각하자 늙은이의 오랜 근심 걱정은 봄눈 녹듯 사라지고 말았다.

곧 노인은 종을 시켜 아들 뒤를 따라가서 잡아오라고 분부했다. 이제 나도 죄없이 잡혀서 죽는구나 생각하니 아들의 마음은 우울했다. 멀리서 이 꼴을 보고 있던 부친은 사람을 시켜 풀어 주게 하고 마음대로 가도록 내버려두었다. 불쌍한 자식은 살았다는 기쁨을 안고 동네로 내려가서 여전히 구걸을 계속할 참이었다. 이 늙은이는 한 꾀를 생각해 냈다. 그래서 아무도 모르게 두 사람의 심복을 시켜 이르는 것이었다.

"아까, 그 불쌍한 거지 있는 데로 찾아가서 임금(賃金)을 곱절로 줄 테니 내 밑에서 일을 하라고 달래 보아라. 어떤 일이냐고 묻거든 길을 청소하는 일이라고 대답해라."

이렇게 해서 자식에게 일거리를 마련해 주고는 차마 불쌍해서 볼 수가 없어 늙은이는 비단옷을 벗고 때묻은 거지옷으로 바꿔 입고서, 아들과 같이 일을 하기로 했다. 그리고는 삯을 올려 줄 테니 다른 데 가지 말고 여기서 부지런히 일하라고 당부하는 것이었다. 이렇게 매일같이 일하는 사이에 아들은 차차 불평이 가셔지고 정직하고도 씩씩한 일꾼으로 변해 갔다. 그래서 나중에는 늙은이의 양자가 되었다.

늙은이는 그에게 새 이름을 지어 아들이라고 불렀다. 돌연 양자가 되어 기쁘긴 했으나, 그는 여전히 천한 일꾼인 줄로만 생각하고 있었다. 이렇게 해서 20년을 매일같이 길을 청소하는 일을 계속했다. 늙은이의 집은 예나 마찬가지였으나 이러한 사실을 조금도 아들이 눈치채지 못하게 하였고 그러는 동안에 부자간에는 다시 없는 정의(情義)가 맺어졌다. 어느 날 늙은이는 병이 악화되어 죽을 날이 머지 않았다는 것을 알자 아들을 불러 이때까지 숨기고 있던 재산을 이야기하고 집안 일 일체를 부탁했다.

미련한 아들은 늙은이의 분부대로 모든 처리를 빈틈없이 잘했으나 그러나 여전히 비굴감에서 완전히 벗어나지 못했다. 그러나 차차 아들의 도량이 넓어지고 기상이 높아짐에 따라, 지금까지 자신 속에 숨어 있던 천한 생각이 벗겨지기 시작했다.

그제서야 늙은이는 아들과 이웃 사람들을 모두 불러 놓고 전후 사정을 솔직히 고백했다. 아들의 기쁨은 하늘 끝까지 솟구쳐올라갈 것 같았다. 이렇게 해서 미련한 한 탕아는 다시 태어난 것이다. 이 부자 늙은이가 타다가타이며, 중생은 모두 붓다의 아들이다.

비 구름

아는가 카샤파여!
이승을 뒤덮는 구름장처럼
고마운 빗물을 가득 안고서
벼락처럼 멀리서 울려오면서
기쁨과 안심을 내리시나니.

산으로 강으로 골짜기로
풍성한 비를 맞아 자라는 초목.
빗물이 내려가서 닿는 것은
모든 것이 새롭고 번질하도다.
자연은 크고 작고 모양도 달라,
하지만 자비로운 저 빗줄기는
언제나 한결같이 하나가 되어
산천 초목 씩씩하게 자라게 한다.

거창한 구름처럼, 빗줄기처럼
붓다께서 이세상에 나타나시면
중생의 복이 되는 법을 펴시네
마음의 귀를 열고 들어 보아라.
어서 와서 그 모습 우러러보라.

> 나 역시 이 세상에 둘도 없는
> 거룩한 존재가 아니었던가?
> 이슬처럼 맑은 법을
> 가르치셔서
> 거룩한 법의 비를 내리시네.

5 마하야나 철학 몇 가지

서   론

이 책에서 지금까지 소개된 문헌은 주로 종교에 대한 관심이 많은 분이면 곧잘 이해할 수 있는, 위대한 붓다의 세계를 해명하기 위한 것이 대부분이다. 그러나 끝까지 자료를 이 각도에만 국한하고 만다면 일방적인 것이라는 비난을 면치 못할 것이다. 그래서 이제부터 간단하나마, 좀더 지성적인 깊이로 들어가는 데 많은 관심을 갖고 있는 일부 독자를 위해서, 철학적으로 불교에의 신앙이 정립(定立)될 수 있음을 체계화한 이 방면의 몇몇 예리한 사상가를 소개하고자 한다.

이와 같은 사상가들은 역사적으로 유력한 불교의 여러 종파마다 배출했던 것이다. 테라바다 불교를 대변하는 2대 철학의 조류는 바이베시카(Vaibhesika)파와 사우트란티가(Sau-trantika)파로 볼 수 있으나, 여기서는 이에 관한 상세한 설명은 할애하기로 한다. 테라바다 불교에 따르는 대표적인 철학자로서 일반적으로 알려져 있는 붓다고사(Buddhaghosa)는 서기 5세기 전반기의 사람으로서, 본시 브라민으로부터 불교도로 개종했던 것이다. 이분의 대표작인 ≪비수디마가(Visuddhimagga, 정화에의 길)≫는 테라바다의 교리를 집대성한 철학 체계이다. 그러나 이 저술에서 일부분을 추려서 여기에다 소개할 수는 없었다.

그러나 그렇다고 해서 마하야나 철학자들마저 그냥 스쳐갈 수는 없을 성싶다. 앞서 소개한 제4부의 문헌을 통해서 볼 수 있는 그들의 종교적 이상의 철학적 해명과 타당성의 구명은 여간 흥미진진한 것이 아니다. 사실 란카바타라(Lankavatara) 경에서 추려 낸 일부 자료는 니르바나에 관한 철학적 해석으로 보나 독자적인 변명의 이론으로 보나, 이와 같은 해명의 형식을 취한 것은 자연스러운 일이다. 마하야나 불교의 사상가 중 가장 유명한 분들을 들자면, 마하야나의 사상이 형성되기 시작한 후기에 가서 북부 인도 일대에서 많은 활약이 있었던 아스바고사(Asvaghosa) · 나가르주나(Nagarjuna) · 아산가(Asangha) · 바수반두(Vasubandhu)를 뺄 수 없을 것이다. 이들 고명한 철학자 이외에 수많은 마하야나의 경문이 또한 정도의 차이는 있겠으나, 그들의 교의에 대한 체계적인 옹호론을 내세워 그 중 다소 산만한 이론에 들어가서는 어떤 변증법적인 무미건조한 논쟁보다 서양의 독자에게는 손쉽게 이해될 수 있는 것도 있다. 그리하여 필자는 이상 두 개의 분야에서 마하야나의 세계를 이해하는 데 필요한 몇 가지 실례를 가져올까 한다. 아스바고사는 서기 1세기 말 전후의 사람이다. 그는 붓다에 관한 가장 권위있는 전기를 썼다. 그러나 그의 철학적으로 가장 의의가 깊은 저술이라고 해서 주목되는 것은 ≪마하야나 각해(覺解), Awakening of Faith in the Mahayana)≫이다. 심오한 종교적 정열에 넘치는 이 저서는 철학적 관념론의 측면에서 변명한 것으로서 그 타당성 여부는 이론의 여지가 있는 것이며, 그 이상론적 견해를 말하더라도 가장 심오한 점에 들어가서는 추론(推論)의 초점이 다른 데 있는 것 같다.

나가르주나의 연대는 만족할 만한 고증이 없으나 대체로 아스바고사보다 한 세기쯤 뒤떨어진 것이라고 보고 있다. 그는 그 누구보다도 탁월한 변증법적인 두뇌의 소유자로서 서양 철학자들이 허무주의라고 부르는 이론체계—허(虛) 또는 공(空)만이 실(實)이라는 이론과 대조됨직한 견해를 가졌다고 볼 수 있다. 아상가와 바수반두는 서기 4세기 전후의 인물로서 형제였다. 그들이 주장한 철학은 서양에서 말하는 소위 주관적 관념론과 비슷한 것으로서, 말하자면 현상적(現象的)인 현실을 심리적 반영이라고 보는 것과 대동소이한 것이다. 그러나 이상의 철학을 가지고 서양의 추리체계(推理體系)에 유추하여 이해하려는 태도는 착각을 가져오기 쉽다. 그러므로 독자들이 순전히 이러한 방법론에서만 이해하려고 든다면 그 핵심의 이해로 나아가기는커녕 수습할 수 없는 혼란에 부딪히고 말 것이다. 뭣 때문일까?

첫째, 전형적인 서양 철학은 서양 정신의 특징인 과학적·이론적 전제에서만 이해될 수 있는 것처럼, 이상의 철학은 불교 정신의 특유한 전제 조건에서만 이해할 수 있는 것이며, 동양 사상의 공통된 논리 과정과 맞잡아서 선(善)과 현실과 진리를 정신해방에의 확고부동한 탐구욕에서 그 본질을 해명하자는 것이다. 그러므로 불교철학 역시 이러한 체계에 입각하여 그 초점을 밝히게끔 분류할 필요가 있는 것이다.

둘째, 이것이 밝혀진 이상 양자간의 뚜렷한 차이점은 다음과 같다. 무엇보다 일반적으로 마하야나 불교는 관련된 도덕적 가치와 정신적 기술 문제를 해명함으로써 (이점 서양 철학에서 말하는 윤리학 체계와 다소 비슷하다.), 주로 일상생활의 문제를 다루려는 것이 아니면 이러한 가치를 승복하여 그 길을 따르려는 자에게 직면하는 현실과 진리의 여러 과제를 주로 탐구한다 (이 경우는 서양의 형이상학 내지 인식론적 철학과 어느 정도 비슷한 점이 있다). 그러나 이와 같은 유추는 불가피하게 엄존(儼存)하는 각자의 전제에 상당한 거리가 있다는 것을 유의해서 해석해야 한다.

그 중 이 두번째 추리 형태에서 나타난 가장 뚜렷한 차이점은 이성(理性)의 힘으로써 궁극의 존재에 대한 본질을 해명할 수 있다고 생각하는 철학의 태도와, 이러한 확신을 거부하고서 이성이 그 자체의 한계를 알아야 하며, 당연하다고 생각하는 것이 한갓 환상에 지나지 않는다는 것을 발견함으로써만 제한된 사상이나 언어를 넘어선 피안의 최고의 세계를 구현할 수 있다는 철학 사회에 가로놓여 있다. 전자에 속하는 철학에서는 나름대로 여러 가지로 옹호하는 방법이 있겠으나, 그 자체의 논리에 의하여 일종의 형이상학적 이론으로 귀착한다. 후자의 경우는 서양에서 소위 허무주의라고 부르는 방향으로, 좀더 정확하게 말한다면 초합리적 신비주의로 나아가는 것과도 같다. 다음에 소개하는 문헌은 탁월한 마하야나 철학자들이 피력한 철학이론의 이상론과 허무주의의 두 가지 실례를 포함한, 불교철학 그대로의 세계를 엿보게 하는 두 편의 흥미진진한 내용이라 하겠다.

다음 두 편의 대화법적(對話法的)인 토론을 읽는 데

있어서는 이하 (ㄱ)·(ㄴ)·(ㄷ) 순으로 지적할 세 가지 점을 명심할 필요가 있다.

(ㄱ) 나가르주나 및 바수반두 양자의 궁극 목적은 형이상학보다는 종교 자체에 있다. 그러므로 이것은 무엇보다 날카로운 지성인의 앞길을 가로막는, 체험과 사고 방식에서 초월하는 데 지장이 되는 장애물을 치워 없애라는 데 목적을 둔다. 각 장의 결론이 모두 이 점을 명백히 하고 있다.

(ㄴ) 이렇게 하기 위하여 나가르주나가 마디야미카 카리카(Madhyamika Karika)에서 구사한 수법은 추리의 범주를 무너뜨리기 위한 분석적인 추리라는 것이었다. 그렇게 하기 위해서 그는 인과에 관한 비판을 용감하게 내세워 하나의 관념으로서의 니르바나에 대한 불교의 기본 관념까지를 부정하였다. 25장의 19, 20권에서 볼 수 있는 바와 같이 우리는 란카바타라(Lanka-vatara) 경과 상호 연결이 되어서 니르바나란 삼사라(Samsara)의 인고(忍苦)를 같이 짊어지는 데에서만 (다른 세계에서가 아니다) 이루어질 수 있다고 갈파하고 있다. 그러나 결코 그가 니르바나의 존재를 부인하자는 것은 아니다. 거기에 들어가기 위한 불가결한 조건은 니르바나를 하나의 관념으로서만 이해할 수 있다는 착각을 버려야 한다는 것이다.

(ㄷ) 바수반두가 여기서 구사하고 있는 수법은 원자 (原子) 및 원자의 집합체(물체를 형성하고 있는) 및 감지될 수 있는 여러 성질을 분쇄함으로써 물질적 현실에 대한 확신을 무너뜨리는 데 있다. 그리하여 정신 속에서만 존재하는 실존의 주관적 인상을 포기한다. 이렇게 해서 정신의 적절한 절대 본질을 직감으로써 인식할 수 있는 길을 열어서 지성인의 해탈의 길을 명시하였다. 그러나 최후의 이 가르침만은 분량이 많아서 여기서는 수록할 수 없었다.

(1) 나가르주나의 인과법칙과 니르바나에 관한 분석

· 인과의 고찰

(1)

절대의 무(無)가 있다.
아무데도, 아무것도 아닌데 살아 있다.
유(有)도 허(虛)도 아니고 유연도 아닌.

(2)

(만물이 이루어지는)
네 가지 상황이 있다.

원인과, 목적과, 결과 이전의 순간,
그리고 가장 결정적인 요소.

(3)

이러한 상황에서 우리는 보았다,
무아(無我)의 전체가 있다는 것을.
무아가 없는 곳에
존재가 합리(合理)되어 있을 수는 없다.

(4)

원인 가운데 힘이 없고
원인 밖에도 힘이 없다.
모든 원인에 힘이 없고
모든 원인에서 힘을 찾을 수 없다.

(5)

이것을 가지고 원인으로 삼자.
거기서 다른 사실이 일어난다.
다른 사실이 일어나지 않는데
원인이 있을 수 없다.

(6)

존재도 비존재(非存在)도
원인이 없다.
존재가 없는데 원인이 뭐냐?
존재가 있다면 원인이 뭐냐?

(7)

유도, 무도, 무의 유도,
어떤 요소도 있을 수 없다.
그렇다면 어떻게
원인이 있다고 볼 수 있을까?

(8)

일체의 원인 가운데
일체의 결과를 찾아 볼 수 없다면,
인(因)도 과(果)도 없는데
뭣이 있다고 할 것인가?

· 니르바나의 시험

(1)

일체가 상대적이며

근원도 사멸도 없는데
어째서 니르바나가 있다고 생각되는가?

(2)

일체가 진정 실체라면
새로운 조화도 파괴도 없다면
어떻게 니르바나에 들어갈 수 있을까?
어떤 계시와 어떤 극복을 통해서?

(3)

해탈도 입도(入道)도
극복도 영생도 아닌
소멸도 조화도 아닌,
그것이 니르바나이다—헤아릴 수 없는
바로 그것이.

(4)

첫째로 니르바나는 존재자가 아니다.
존재라면 노쇠하고 사멸할 것이다.
노쇠도 사멸도 있을 수 없는
일체의 존재자를 거부한다.

(5)

니르바나가 존재자라면
원인이 있으면 만들 수도 있겠지.
원인이 있어 만들어 낼 수 없는
존재자 아닌 것이 거기에 있다.

(6)

이승에서 원인이 있어 이루어진 것을
우리는 가리켜 속세의 현상이라 한다.
그러나 인과를 거기서 빼내 버리면
니르바나가 거기에 있을 것이다.

(7)

붓다가 말씀하시기를
존재자도 비(非)존재자도 함께
거부하라 하셨다.
존재자도 비존재자도 없다는 데
니르바나의 사상이 있다.

(8)

니르바나가 존재자와 비존재자라 한다면
니르바나에 인과가 없다 할 수 없다.

존재와 비존재는 항상 인과의 지배를 받으니까.

(9)

존재자도 비존재자도 아닌
니르바나라면
양자를 부정하는 이 진리를
뉘라서 알 수 있단 말인가?

(10)

니르바나 이후의 붓다를 아는가?
붓다가 있나 없나, 아니면
이것도 저것도 아닌가?
우리로서는 알 길 없구나!

(11)

살아 생전에 붓다를 아는가?
있었는가 없었는가, 아니면
이것도 저것도 아니었던가?
우리로서는 알 길 없구나!

(12)

니르바나와 이승 사이에는

아무런 차이도 없다.
이승과 니르바나 사이엔
아무런 차이도 없다.

(13)

니르바나가 다 되는 곳에
이승의 끝이 있다.
양자 간에는 아무런 차이도
찾아볼 수 없다.

(14)

일체는 상대적이기에
유한이 무한이요
무한이 또한 유한이라,
어찌 양자를 부정할소냐?

(15)

같은 것이 무엇이며 다르다는 것은 무엇이냐?
영원이 무엇이며 영원 아닌 것은 무엇이냐?
영원과 순간이 동일하다면
어찌 양자를 부정할소냐?

⒃

일체의 사념이 그쳐진 곳
이원(二元)의 삼매경에 축복이 있다.
붓다께서는 한 말씀도
이에 대해서 언급이 없었다!

(2) 주관적 관념론에 대한 바수반두의 문답

(심리학에서나 철학에서 말하는 인간의 감각과
의식의 세계와 관련된 또 하나의 영역이 있나 없
나를 질문하고 나서 바수반두는 다음과 같이
스스로 답한다)

그 영역은 단일(單一)도 아니며
무수한 원자도 아니다.
다시 말한다. 그것은 집대성도 아니다.
원자를 아무도 증명하지 못했기 때문에.

순간의 의식은 꿈과 같다.
의식이 일어나는 순간에
이미 대상은 사라진다.
그래도 감각이 있다고 말하는가?

앞서 말한 것처럼
보이는 대상은 한갓 가상(假象)이다.
거기서 기억의 작용이 일어난다.

....

꿈에서 깨어나기 전에는
꿈에서 본 것이 존재하지 않는다고
단정할 수 없다.

　꿈꾸는 상황에서 대상이 실제로 존재하지 않는다는 것을 단정할 수 없는 것과 마찬가지로, 속세의 혼탁한 판국 안에서는 무엇이 진리인지 알 길이 없다. 세상을 투시할 수 있는 지식과 자유자재한 정신의 해탈이 있은 뒤에야 비로소 사람은 꿈에서부터 깨어난다. 이렇게 순수한 지각의 경지에 도달하면 삼라만상이 가상임을 깨닫게 된다. 여기에 진리가 있다.

해 설

朴 琦 俊

근래 들어 불교에 대한 일반 지식층의 관심이 일취월장으로 늘어가고 있다. 그러나 이 방면에 대한 적당한 지침서가 그다지 많이 출간되지 않고 있다는 것은 오히려 기이한 현상이라고 해도 좋을 것이다.

이 책은 그러한 의미에서 우리나라 독서층을 위해서 오랜 요청에 응할 수 있는 귀중한 입문서(入門書)가 됨직한 것이라 하겠다. 석가세존(釋迦世尊)께서 입적(入寂)하신지 어언 2천5백여 년, 불교의 진리와 교화의 등불은 인도로부터 아시아 전역을 비추어 왔고, 세기의 풍랑이 자못 거센 최근에 이르러서는 동양을 알려는 서양의 관심이 이 방면으로 쏠리고 있다는 것은 누구나 다 아는 사실이다. 그럼에도 불구하고 우리나라 지식인들은 과연 어느 정도로 불교에 대해 이해하고 있는지 의문스럽다. 우리의 전통 가운데 맥맥히 일관되어 있는 불교문화의 진수를 어느 정도 파악하고 있는지가 의문시된다는 반성이 여기에 있다.

이 책은 불교의 진리를 서양 철학의 이론과 서양 종

교의 교리와의 비교를 통해서 누구든지 알 수 있는 평이한 서술을 빌려, 불교의 경전과 이에 대한 적절한 분석 비판을 차근차근 서술해 나가는 사이에 어느덧 신운표묘(神韻縹緲)한 동양의 위대한 불교의 윤곽을 잡을 수 있다는 것이 그 특징이라 하겠다.

저자인 동시에 편자(編者)인 버트 교수는 동양 종교 연구의 '센터'인 미국 코넬 대학의 종교철학 교수로서 저명한 분이며, 불교 연구의 분야에 있어 이미 세계적으로 널리 알려진 학자이다.

이 책은 불교에 관한 지침서로서 정평이 있는 바, 사학가로서 이름난 영국의 아놀드 토인비 교수의 말을 참고 삼아 소개해야겠다.

종교가 인생의 가장 중요한 것임을 굳이 믿는 마음에서, 종교를 통한 이해는 곧 정신적 이해의 열쇠가 된다는 것을 지적하고자 한다. 그런 의미에서 본인은 버트 교수의 《불교의 진리》를 충심으로 널리 추천하고 싶다.

자비의 정신으로 일체 중생을 아끼는 마음에서, 사무사(思無邪)의 절대경지(絶對境地)를 뚫고 '니르바나'의 영생극락에 정립(定立)하는 것을 이상으로 삼는 불교의 진리는, 마침내 과학 문명의 단층이 빚어내는 오늘날의

이 실로 심상치 않은 인간지옥 앞에 그 무슨 천뢰(天
籟)의 계시가 내림직도 하다. 그러나 필경 진리는 제
힘으로 찾아야 얻을 수 있는 것이요, 행복은 이 진리를
밑받침해서만 길이 향유될 수 있는 것이 아닐까? 이러
한 의미에서, 이 책은 단순히 교양서라는 테두리를 벗
어나 현대인의 방황하는 정신을 위하여 좋은 길잡이가
되며, 메마른 세기의 가슴을 적셔 주는 감로수(甘露水)
의 원천이 될 수 있을 것 이다. 끝으로 참고 문헌을 소
개한다.

○ 초기불교경전(E. J. Thomas; Early Buddhists Scriptures)

○ 불교우화집(F. Max Müller; Buddhaghosa's Parables)

○ 석가의 일생(Paul Bigandet; The Life or Leg-end of Gaud-
   ama)

○ 불교의해(佛敎義解)(Lord Chalmers; Buddha's Teachings)
   이상, Routledge & Kegan(London) 간행

○ 동양종교전집(Sacred Books of the East),   Oxford Univer-
   sity Press 간행

○ 무량대비 불교(無量大悲 佛敎) (C. H. Hamilton; Buddhism,
   A Religion of Infinite Compassion) New York, The Libe-
   ral
   Art press 간행

○ 광명의 길(L. D. Barnett; The Path of Light)
   John Murray(London) 간행

1972년 2월

옮긴이 약력

동경외국어대학교 영어과 졸업
滿洲高文資格 채용시험 합격
대학교수 역임
한국국제협회 회장
한국 유네스코위원회 창립위원
서울신문학원 설립위원

저　서
《세계인물론》 《원자시대의 환상》 《현대의 예언》
《KOREA LOOKS AHEAD)》(영문저서)
《THE SONG OF ARIRANG》(영문창작집)

역　서
헤밍웨이 《무기여 잘 있거라》
H. G. 웰즈 《투명인간》

불교의 진리 〈서문문고 019〉

초판 발행 / 1972년 3월 5일
개정판 1쇄 / 1997년 3월 31일
옮긴이 / 박 기 준
펴낸이 / 최 석 로
펴낸곳 / 서 문 당
주　소 / 서울시 마포구 성산동 103-7호
전　화 / 322—4916~8 팩스 / 322-9154
등록일자 / 1973. 10. 10
등록번호 / 제13-16

* 잘못된 책은 바꾸어 드립니다

서문문고 목록

001~303

◆ 번호 1의 단위는 국학
◆ 번호 홀수는 명저
◆ 번호 짝수는 문학